# 遇见传奇历史
## 罗马角斗士

［英］尼克·皮尔斯 著
［英］马克·伯金 绘
什 陆 译

科学普及出版社
·北 京·

图书在版编目（CIP）数据

遇见传奇历史. 罗马角斗士 / (英) 尼克·皮尔斯著;
(英) 马克·伯金绘; 什陆译. -- 北京：科学普及出版
社, 2024.6
　ISBN 978-7-110-10679-2

　Ⅰ. ①遇… Ⅱ. ①尼… ②马… ③什… Ⅲ. ①古罗马
－历史－通俗读物 Ⅳ. ①K109②K126-49

中国国家版本馆CIP数据核字(2024)第038724号

著作权合同登记号：01-2023-2469

Chronicles － Gladiator © The Salariya Book Company Ltd 2016

英文版原版由The Salariya Book Company Ltd出版。
本书简体中文版通过The Salariya Book Company Ltd
授权中国科学技术出版社有限公司出版。
未经许可不得以任何方式抄袭、复制或节录任何部分。

策划编辑　　胡　怡
责任编辑　　赵　耀
封面设计　　胡晓露　傅　说
版式设计　　胡晓露　傅　说
责任校对　　吕传新
责任印制　　马宇晨

出　　版　　科学普及出版社
发　　行　　中国科学技术出版社有限公司
地　　址　　北京市海淀区中关村南大街16号
邮　　编　　100081
发行电话　　010-62173865
传　　真　　010-62173081
网　　址　　http://www.cspbooks.com.cn

开　　本　　787mm×1092mm　1/16
字　　数　　300千字
印　　张　　14.5
版　　次　　2024年6月第1版
印　　次　　2024年6月第1次印刷
印　　刷　　北京世纪恒宇印刷有限公司
书　　号　　ISBN 978-7-110-10679-2 / K·215
定　　价　　168.00元（全6册）

# 目 录

| | |
|---|---|
| 罗马帝国 | 2 |
| 战俘的命运 | 4 |
| 逆境使人成长 | 6 |
| 日常生活 | 8 |
| 角斗士的类型 | 10 |
| 罗马竞技场 | 14 |
| 建造罗马竞技场 | 16 |
| 幕后 | 20 |
| 野兽 | 22 |
| 面包与马戏 | 24 |
| 轻装角斗士 | 26 |
| 竞技场内 | 28 |
| 比赛结束 | 34 |

# 罗马帝国

在公元1世纪，罗马帝国富有而强盛，凭借强大军队多年的征战，罗马皇帝统治着辽阔的领土。帝国的法律在疆域内施行，税官在新征服的土地征收税款，收进国库。商人的足迹遍布全国，他们买入贵重物品，再卖给罗马的富人们。

不列颠人

日耳曼人

罗马人

西班牙人

北非人

在那时，欧洲并不像今天一样多国林立。在这片土地上，很多部族常年混战，你方唱罢我登场。公元100年，罗马帝国征服了大部分的部族，而占据北方的日耳曼人和斯拉夫人未被征服。在图拉真皇帝统治期间（公元98—117年），罗马帝国的疆域达到了极盛。

斯拉夫人

希腊人

中东人

埃及人

# 战俘的命运

罗马人曾多次与高卢人作战，想把高卢地区并入自己的版图。装备精良的罗马士兵有着精心制定的作战计划，而高卢人却组织松散，很快便被罗马人击败。战败的高卢人被没收了武器，成为战俘。凯尔特战士安斯加不幸成为其中一员。

战俘们被铁链锁住脖子，从高卢押送到罗马。到达罗马后，奴隶贩子将安斯加和其他人带到奴隶市场，任由人们竞价。沦为奴隶的日子就要开始了。

罗马士兵

高卢人

一位奴隶主把安斯加买了下来，并将他改名为维鲁斯，打算"培养"他成为角斗士。安斯加的许多朋友却没这么幸运，他们的新主人命令他们到矿山和农场劳动，有时甚至会让他们去罗马战舰上做苦工。

# 逆境使人成长

角斗士学校为维鲁斯配有一名训练师。为了增强体力，维鲁斯每天都要训练。不过，他只被允许使用木剑在稻草人身上练习，直到他真正做好了准备。此时维鲁斯的身份仍是一名奴隶，所以他仍被粗暴地对待。罗马竞技场经常被人称为"刑讯室"，所以他需要好好表现！

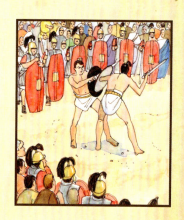

像维鲁斯这样的战俘会被迫在公共空地上战斗，以娱乐群众。装备精良的罗马士兵会把俘虏围在中间，防止他们逃跑。

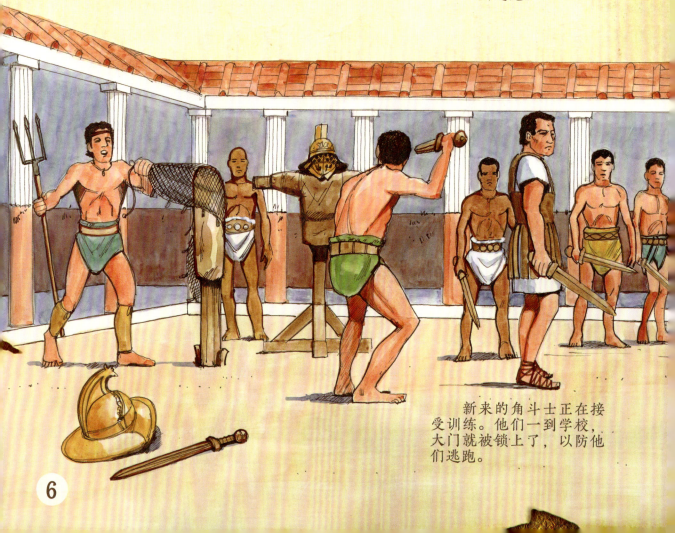

新来的角斗士正在接受训练。他们一到学校，大门就被锁上了，以防他们逃跑。

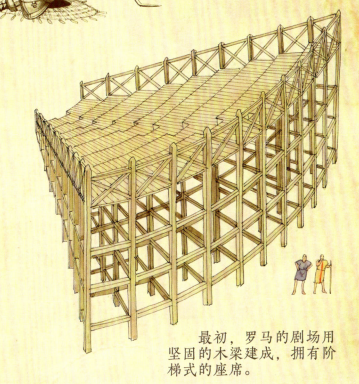

希腊埃皮达鲁斯古剧场建于公元前3世纪，当时的罗马建筑师经常会借鉴希腊的设计。

最初，罗马的剧场用坚固的木梁建成，拥有阶梯式的座席。

# 日常生活

据估计，公元100年的罗马约有100万人口。在罗马公民中，有些人很富有，但大多数人都是普通公民，从事的职业主要有糕点师、香料商、谷物批发商和厨师等。生活在罗马的人并不完全是罗马的公民，这座城市允许帝国各地的人来到罗马，但他们会受到更严厉的法律的统治，就像奴隶一样。公元100年，罗马的奴隶数量在40万左右。

在罗马帝国的城市特里尔（今德国境内）的雕塑中，一位税务官坐在计数台前，一名奴隶拿走了一袋由日耳曼人上缴的钱币。这类税收为罗马竞技场提供了资金。

罗马的街道上声音嘈杂、气味难闻，很是肮脏和拥挤。这里的人们生活在对抢劫、偷窃和火灾的恐惧中。尽管如此，街道上还是挤满了人，街道两边都是商店、摊位和酒馆，向人们出售热腾腾的食物和美味的葡萄酒。

普通公民住在高层公寓里，这种公寓最大限度地利用空间容纳更多的人口。商店和办公区建在底层，上面则是拥挤的住宅。

富裕家庭会住在被称为多姆斯的宅邸里。住在多姆斯的人们听不见城市中的喧嚣，也感受不到城市里暗藏的危险。多姆斯通常包含屋顶可以疏导雨水的正厅、主餐厅，以及一个或多个带有漂亮花园的庭院。

庭院花园与其中修剪整齐的盒状树篱。

技艺高超的艺术家们会在墙上画上美丽的壁画，并在地板上镶嵌出复杂的图案来装饰宏伟的房屋。人们用一种被称为"热坑"的集中供暖方式御寒。

商店店主需要向房屋的主人支付租金。

由于人口众多，个人的工资很低，食品价格很高，公元100年，有大约一半罗马人的收入不足以养家糊口。所以，政府会提供免费的粮食来帮助贫困家庭。然而，收成多少是无法预测的，当因歉收导致粮食供应短缺时，人们便会愤怒地聚集在政府大楼外抗议，进而引发暴乱。

# 角斗士的类型

角斗士的种类有很多。在早期的比赛中，角斗士们装扮成罗马帝国各个时期的敌人，他们之间相互较量，重现罗马历史上一些著名的战役，为观众重现罗马文明的胜利。角斗士比赛可不仅仅是为了娱乐，还是对文化的一种宣传！

## 莫米罗角斗士

手持匕首和盾牌，装备有皮带和护腿。

戴在角斗士
左肩上的金属，
起保护作用。

## 色雷斯斗士

手持小型盾牌和弧形的
匕首，双腿都戴着护具。

## 网斗士

擅长将对手套入
网中，左臂和肩膀都
佩有铠甲。

让角斗士来扮演罗马强大的敌人有助于吸引观众。不过，有时也可能会引起外交问题。当敌人变成了盟友，角斗士的身份就必须改变，以免引发纠纷。角斗士原先穿着的服饰也需要更换。

## 挑战者

腰系腰带，腿上绑着长护膝，右臂装备铠甲，头盔两侧各有一根羽毛，胸前佩有胸甲，手持一块矩形盾牌。

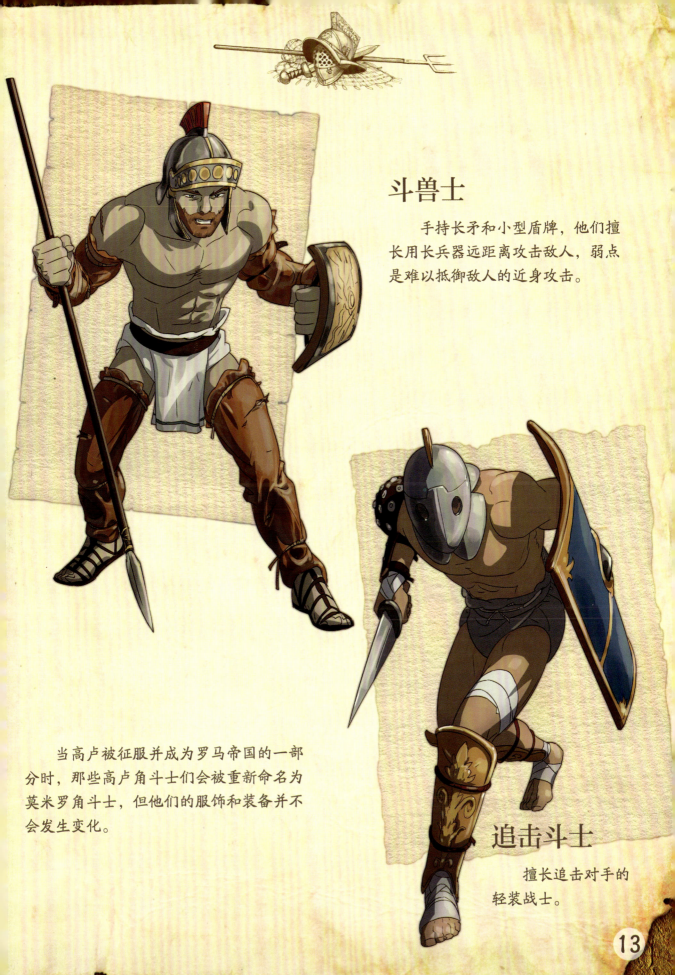

## 斗兽士

手持长矛和小型盾牌，他们擅长用长兵器远距离攻击敌人，弱点是难以抵御敌人的近身攻击。

当高卢被征服并成为罗马帝国的一部分时，那些高卢角斗士们会被重新命名为莫米罗角斗士，但他们的服饰和装备并不会发生变化。

## 追击斗士

擅长追击对手的轻装战士。

# 罗马竞技场

遮阳篷可以为观众遮风挡雨，它由曾经做过船员的人进行操作，他们很擅长在罗马货船上鼓帆。

15

# 建造罗马竞技场

罗马竞技场占地面积约5000平方米，周围是宽阔的人行道和鹅卵石街道。经验丰富的罗马工程师设计了这座建筑及其附属设施，使罗马竞技场可以让5万名观众有序进出而不会出现踩踏事故。

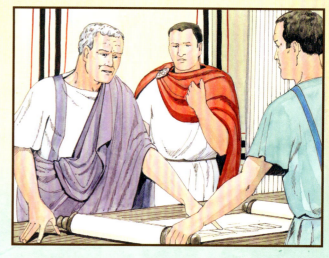

罗马皇帝韦帕芗下令建造罗马竞技场，并仔细检查了计划和预算。

在建造开始前，奴隶们必须使地面变得平整并划出地基的位置。

# 布局和材料

　　罗马竞技场的布局很简单：高高的外墙内排列着倾斜的座位层，中间是露台和走道。在一排排的座位的下面有一条长廊，观众可以在那里散步和聊天。

　　设计罗马竞技场的建筑师和工程师选择了最合适的建筑材料。斗兽场不能用石头建造，因为它很快就会因自身的重量而坍塌。所以，他们使用了一层又一层坚固且轻便的石拱作为外墙。建筑的其余部分围绕着高大的石柱框架而建，这些石柱则使用更便宜、更轻便的材料进行填充。

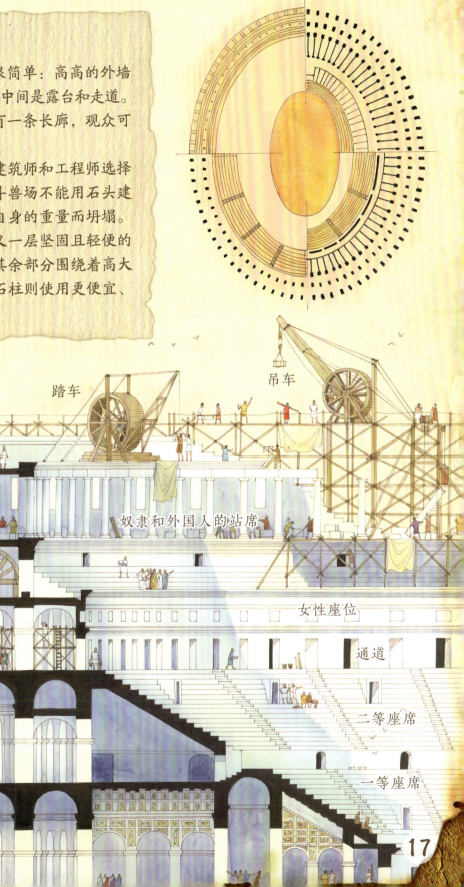

踏车

吊车

奴隶和外国人的站席

女性座位

通道

二等座席

一等座席

17

木栅栏

罗马的工程师们意识到圆形的场地可以容纳的观众数量是半圆形的两倍，同时还能为观众提供更加良好的视野。

雕像

观众出入口

拱门建在一个木制框架上，它支撑着拱门两边的石柱，在建造拱门的过程中防止楔形石头掉落。

内场

人行道

罗马竞技场共有
80个出入口，其中有
76个公众出入口、2
个皇帝出入口和2个
角斗士出入口。

皇帝
出入口

# 幕后

经营罗马竞技场既需要大量的工作人员辛勤工作，也需要很多的管理者来组织这些工作人员。工作人员负责清洁、把守出入口、收集座位标记，还需要把沉重的安全围栏拉到合适的位置。然而，大多数的工作人员都在地下工作。

角斗士与狮子、熊搏斗的石雕

熟练的工匠正在操作舞台的布景。为了模拟海战场面，人们制作了仿制船。这些布景是用滑轮和绳索拖到合适的位置上的。

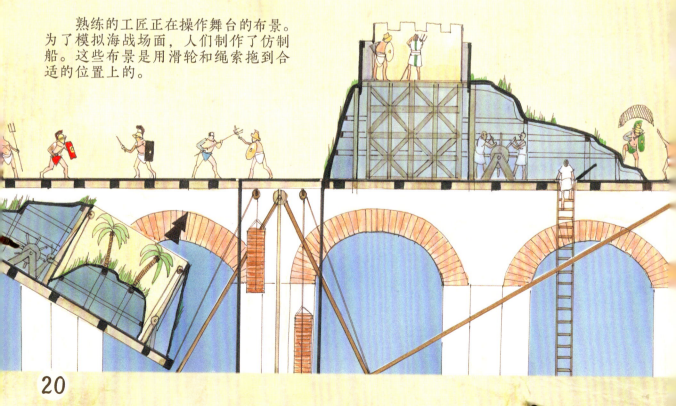

工作人员取来道具和舞台布景，它们将被用于在竞技场中还原竞技活动的历史背景。工作人员还需要看守等待上场的死囚和野兽。这些行为在今天看来都是非常残忍的。

富人家的奴隶会把竞技活动的通知张贴在墙上和树上。

# 野兽

狩猎是最受罗马人欢迎的活动之一。当然，这在城市里是不可能发生的，但野兽表演常常在罗马竞技场等剧场中上演。人们将从数百千米外捕获的野兽放出来给角斗士追逐，或与俘虏的囚犯进行搏斗。有时，死亡野兽的数量是很惊人的。公元80年，罗马皇帝提图斯开放罗马竞技场，在第一天的比赛中，就有超过5000只野兽被杀死。

角斗士与狼搏斗的镶嵌图案

罗马竞技场对野兽的需求量非常大。在整个罗马帝国，猎人和士兵几乎捕获了他们能找到的所有野兽。

在罗马人看来，野兽缺乏人类的品质，必须被人类驯服，因此拿野兽取乐不算什么事。罗马人对待大自然和动物的态度导致了可怕的后果。在野兽表演盛行的几个世纪里（前105—532年），许多物种在罗马帝国的土地上灭绝了……

# 面包与马戏

罗马政府清楚，人们一旦挨饿，就会引发暴动。为了防止这种情况的发生，罗马政府会提供免费的食物和娱乐表演。这份送给公众的礼物被称为"面包与马戏"。"马戏"通常在竞技场举行。

当角斗士进入竞技场时，他的支持者会向他扔下鲜花。

免费食物的开支来自政府税收，但贵族们依然会为娱乐表演出资。在古罗马时代，体育运动和节日最初是为了祭神而产生的，所以富人会把钱花在这种娱乐方式上。

维鲁斯和他的角斗士同伴们穿着代表皇帝的紫色披风走进竞技场。

他们在皇帝的座席前停了下来，向皇帝鞠躬，说道："皇帝万岁！我们向您致敬！"

表演从早上开始，通常以残忍喜剧决斗为开端。

战斗的角斗士经常是实力悬殊的。罗马人很喜欢看这些角斗士拼命地战斗。

如果皇帝向下比着拇指，战败的角斗士将会被一名装扮成冥府渡神的奴隶杀死。

罗马剧作家会将神明和英雄的神话传说和人们的日常生活写成戏剧。男人、女人和孩子都能在舞台上表演。罗马皇帝尼禄甚至认为自己拥有表演才能，非常喜欢参加戏剧表演。

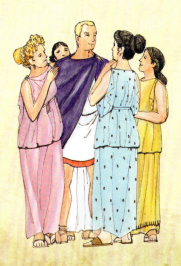

像维鲁斯这样的顶级角斗士会吸引很多粉丝。

# 轻装角斗士

大部分的角斗士会佩戴护具，比如头盔和护垫。观众期待角斗士之间上演激动人心的表演，有了护具的保护，角斗士们更具有攻击性，会用他们的武器尽力搏杀。角斗士通常会瞄准对手的四肢，因为在战斗中，四肢是身体暴露且脆弱的部位。

## 佩格尼亚里乌斯

类似马戏团小丑，手持鞭子和棍子模仿角斗。

## 骑兵斗士

骑在马背上作战，手持骑枪和圆形骑兵盾牌，腰佩短剑。

## 盲战斗士

轻装上阵，全身的装备只有手上拿着的短剑，身上连护甲都没穿，戴着没有眼洞的头盔乱打一气！

# 拉奎里乌斯

擅长用套索，其左臂和肩膀都穿有铠甲。

# 波斯图拉图斯

头戴一顶全护式头盔，头盔上有遮眼孔保护眼部。一只手持剑，另一只手持狼牙棒或钉锤。

网斗士

莫米罗角斗士

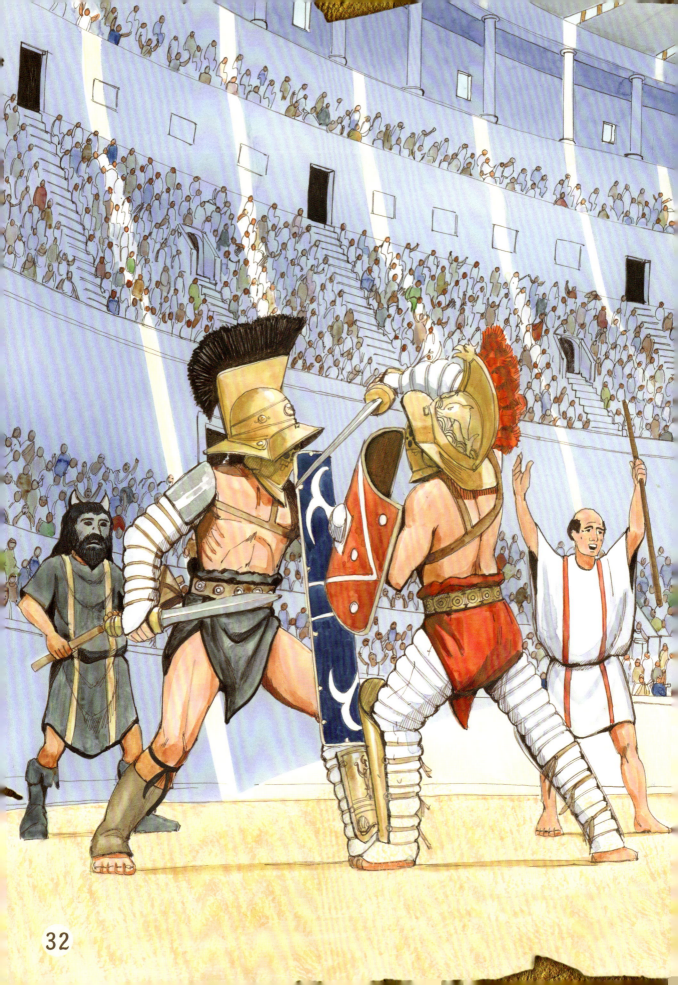

33

# 比赛结束

比赛结束后，官员们会进行记录，并在参赛者的名字后面写上相应的字母："P"表示死亡，"V"表示胜利，"M"表示这名角斗士明天还能再战。幸存者的奖品有棕榈枝、银质餐具甚至黄金。作为一名身经百战的战士，维鲁斯赢得过许多这样的奖励。

在取得多次胜利后，维鲁斯被授予了一把木剑，这标志着这名角斗士已经获得了自由，不再需要在竞技场里竞技了。

后人在庞贝古城等古罗马遗址里发现了有关角斗比赛的涂鸦。

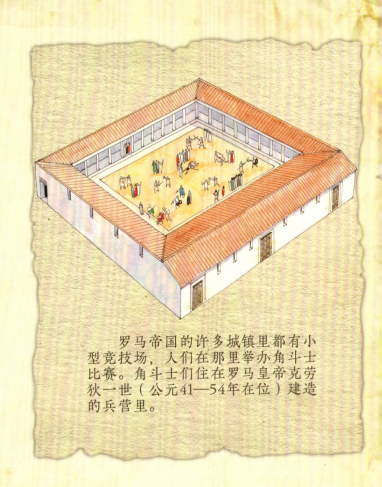

罗马帝国的许多城镇里都有小型竞技场，人们在那里举办角斗士比赛。角斗士们住在罗马皇帝克劳狄一世（公元41—54年在位）建造的兵营里。

维鲁斯退休后建立了自己的角斗士学校，训练属于自己的角斗士。如果这些角斗士能够在竞技场中获胜，维鲁斯会变得更加富有。

# 遇见传奇历史

## 城堡之围

[英] 德里克·法默 著

[英] 马克·伯金 绘

什 陆 译

科学普及出版社

·北京·

**图书在版编目（CIP）数据**

遇见传奇历史. 城堡之围 / (英) 德里克·法默著；
(英) 马克·伯金绘；什陆译. -- 北京：科学普及出版
社, 2024.6
　ISBN 978-7-110-10679-2

　Ⅰ. ①遇… Ⅱ. ①德… ②马… ③什… Ⅲ. ①城堡 –
世界 – 通俗读物 Ⅳ. ①K109②K916-49

中国国家版本馆CIP数据核字(2024)第038725号

著作权合同登记号：01-2023-2469

Chronicles – Castle © The Salariya Book Company Ltd 2007

# 目　录

| | |
|---|---|
| 简介 | 2 |
| 城堡 | 4 |
| 围城 | 6 |
| 城堡里的生活 | 8 |
| 困守的日子 | 16 |
| 战争中的村民 | 18 |
| 战士 | 20 |
| 进攻与防守 | 22 |
| 攻城器具 | 24 |
| 地道 | 26 |
| 希望渺茫 | 31 |
| 最后一搏 | 34 |
| 投降 | 36 |

# 简介

这本书讲述了中世纪盖亚尔城堡攻城战中的真实故事。盖亚尔城堡位于法国诺曼底大区，虽然如今只剩断壁残垣，但曾是一座雄伟的城堡，令人印象深刻。

盖亚尔城堡始建于1197年，因著名的英格兰国王理查一世（也被称为"狮心王理查"）为了保护他在诺曼底的土地而建。

　　1199年，理查一世去世。盖亚尔城堡和王位由他的弟弟约翰一世继承，但约翰一世被迫与法兰西国王腓力二世签署了协议：如果约翰一世不服从法兰西国王，他将会失去自己在诺曼底的土地。最终，约翰一世的确没有履行这个协议，拒绝前往腓力二世的宫廷。因此，在1203年，腓力二世出兵占领了盖亚尔城堡，独霸了整个诺曼底。

# 城堡

**中**世纪的大多数城堡都是由国王或者支持国王的富有贵族建造的。

## 战争与和平

和平时期，城堡的塔楼和围墙是权力的象征，就像是国王或贵族站在上面俯瞰着自己的土地一样。

战争时期，城堡是领主和其下属与敌人作战时的安全堡垒。

盖亚尔城堡的指挥官是男爵莱西。如果有一本城堡日记，他可能会这样写：

1203年7月

法兰西军队要来了！密探告诉我腓力王的军队这周就会到达这里。我手下的战士不足200人，敌人的数量却是我们的数倍。如果正面交锋，我们大概会失败吧！在这座城堡里，防御就是我们唯一的希望了。我的士兵正在乡间搜寻食物和武器。约翰王的命令是不惜一切代价来守护城堡。我祈祷上帝能够赐予我们成功的力量。

突廊

吊桥

马厩

踏车

堡垒

## 选址

最适合建城堡的地方在山顶上、悬崖峭壁边，或是可以俯瞰河流或大海的地方。这些地势使城堡易守难攻。盖亚尔城堡就建在塞纳河的弯道处，人们认为它几乎是坚不可摧的。

## 建造城堡

6000多名工匠参与了盖亚尔城堡的建设。令人惊讶的是，他们只花了不到一年的时间就把城堡建成了。

## 铁墙和黄油墙

相传，法兰西国王腓力二世曾夸下海口："就算盖亚尔城堡是用铁铸成的，我也能将它攻陷。"

英格兰国王理查一世听说后便说道："即使盖亚尔城堡是用黄油堆成的，我也不会让它被攻陷！"

# 围城

攻打城堡并不是一件容易的事情。城堡厚重的石墙能够抵挡大多数武器的攻击。守城方居高临下，将城堡周围的情况尽收眼底。攻城方可能会用出其不意的方法占领城堡，或用金钱贿赂守城方。若这些方法都没能奏效，攻城方才会围攻城堡。

谁住在这里？

主人及其家人

官员

士兵

艺人

## 围城的目的是什么？

围城的目的就是为了切断城堡与外界的联系。攻城方明白，一旦切断了守城方的补给通道，他们就只能投降或者饿死在城堡里了。

## 囤货

在感受到有可能被围困时，城堡里的守军就会派人外出去买、借甚至偷他们所需的一切物资。然后，守城方会拉起吊桥，关闭城门，将攻城方挡在门外。如果守城方准备的物资充足，他们大概能坚持到援兵到来或者攻城方退兵。

1203年8月

法兰西人来了！第一批军队昨天就到了这里，他们现在已经包围了城堡，想偷袭我们，但我们都已经准备好了。我们所有人都待在城堡里，关好城堡的大门，设置了路障。许多村民也在这里避难，他们相信盖亚尔城堡是有史以来最坚固的堡垒。

腓力王的信使喊话让我们投降。如果这个信使离我再近一些的话，我一定会当面嘲讽他，因为我们绝不会投降！再过几周，约翰王会带着军队支援我们，他们会让法国军队落荒而逃的！

议事厅

厨房

洗衣房

磨坊塔

训练场

花园

井

内堡场围墙

鱼塘

指挥塔

井

小礼堂

储藏室

果园

吊桥

锻冶场

巡视塔

## 独一无二

　　内堡场围墙的形状独特，由19面弯曲的墙体组成，不易被攻城器械破坏，还为里面的弓箭手提供了绝佳的射击位置。城堡内有两口井，靠近城堡主楼的那口井有100多米深。

7

# 城堡里的生活

城堡不仅是坚固的军事堡垒，更是贵族甚至国王和王后的家。在高高的围墙和防御塔中如何舒服地生活是这些重要人士要考虑的事情。

## 个人卫生

中世纪的人们很注意个人卫生，比如他们会在饭前洗手。但是，洗澡对他们来说并不是一件容易的事，因为从井中取水再烧热太麻烦了。即使是贵族阶层也不是每天都能洗澡的。

1203年9月

约翰王派了彭布罗克伯爵带兵支援我们，却搞砸了！

原计划是援军分成两队，同时从两个方向攻打法军。一队走陆上，另一队则从水路逆流而上，从后方进攻。可当水路援军的船只到达时，法军已经击败了陆上的援军，然后他们又转身打败了水路援军。

现在，我们不得不等上数周，甚至数月，才可能等到约翰王的第二批援军。

## 代管

当盖亚尔城堡被包围时，国王约翰一世并不在这里，他在40千米外的鲁昂。国王经常四处巡访他的领地。

当城堡的领主不在时，一般会有临时官员带领着士兵留守。城堡里可不能没有守军！

约翰一世虽然派了彭布罗克伯爵带兵支援城堡，但并未亲自前往。

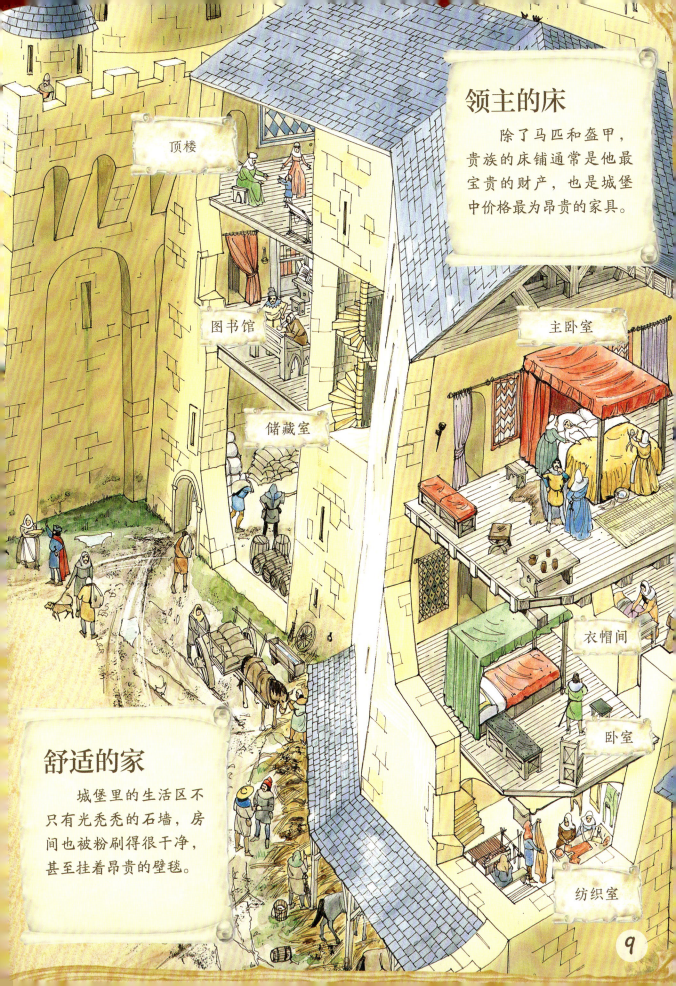

顶楼

图书馆

储藏室

## 领主的床

除了马匹和盔甲，贵族的床铺通常是他最宝贵的财产，也是城堡中价格最为昂贵的家具。

主卧室

衣帽间

卧室

## 舒适的家

城堡里的生活区不只有光秃秃的石墙，房间也被粉刷得很干净，甚至挂着昂贵的壁毯。

纺织室

# 编条和涂料

传统的建筑物是在橡木框架的基础上建造而成的，里面填充着"编条和涂料"的嵌板。编条用橡树的枝条编织而成，涂料是一种用黏土和稻草，或者石灰和牛粪混合制成的灰泥。这种涂料可以使墙壁具有一定的防水性能。

茅草屋顶

编条

橡木框架

涂料

## 狩猎

　　贵族们喜欢狩猎，不仅可以获取食物，也是一种娱乐活动。他们用猎犬追赶野猪和鹿，用经过特殊训练的鹰或隼捕捉小型猎物。当鹰或隼不捕猎的时候，它们的头上会被戴上面罩，以保持安静。

面罩

栖木

绑鹰爪的皮带

金属护手

把肉挂在阁楼上，利用炊烟使之干燥，利于长期保存。

富人会使用羽绒的被褥，平民则使用稻草填充。帷幔用于挡风。

酿造

## 家禽

人们养鸡和鹅为了获取它们的蛋。它们一旦不再下蛋，就会被人们吃掉。

熏肉

织布　　纺线

修补屋顶

亚麻打浆机，用于制备织布用的亚麻纤维。

　　在城堡中生活和工作的人们都需要食物供给。和平时期，大多数食物来自城堡附近的田野和村庄。一旦围城战开始，食物都只能从城堡内部获取。许多城堡带有菜园，种植了蔬菜和草药。有些城堡还有果园，比如葡萄园。

几周后

又是令人失望的一天！我们得到消息，约翰王不能派出更多的援军了，看来他在其他地方还有更重要的仗要打。我们现在能做的只有等待了。愿腓力王也能意识到盖亚尔城堡非常坚固，是无法攻克的。他只能围困我们。但我们的城堡内有果园和牲畜，有足够我们吃上好几个月的食物。我唯一感到担心的就是没有能力养活在这里避难的村民，这是个大问题。

割草的镰刀

井

犁

## 农场中的动物

肉一般趁新鲜食用，或是做成保质期更长的火腿和熏肉。人们饲养奶牛、山羊和绵羊来获取奶制品。到了冬天，人们没有足够的食物去饲养牛羊时，它们才会被吃掉。

搅乳器

茅草屋顶具有极佳的隔热性能。

铁匠的助手不断抽动风箱，火能烧得很旺。

# 铁匠

农场通常会有一位铁匠，负责给马钉蹄铁、制作车轮的轮铁（轮毂），以及制作或修理工具等。

# 困守的日子

刚被围困时，住在城堡里的人们吃得还很好。储藏室和地窖里仍然装满了用于制作新鲜面包的谷物和面粉，城堡里到处都是能提供牛奶、肉和蛋的牲畜家禽。如果在夏天，菜园和果园里还会长满新鲜的蔬菜和水果。

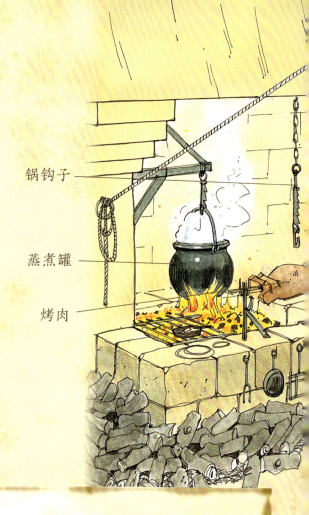

锅钩子

蒸煮罐

烤肉

## 腌肉

冬天时，保存肉类的最常用方法便是用盐腌制。盐可以吸干肉里的水分。

1203年10月

我们已经被围困在城堡里整整两个月了。到目前为止，我们击退了法军的所有进攻，但他们切断了我们的粮食供应通道。从现在起，我们必须竭尽所能节约粮食。这也是我今早将大部分在这里避难的村民赶出城堡的原因。村民们害怕法军会处治他们，但令我惊讶的是，法军放过了他们。对村民们来说，这将是一个无比漫长的冬天，但我们还能做些什么呢？

法军在城堡附近挖了一排战壕。看起来他们已经在认真准备攻城了。不过，我们的城堡足够坚固，我们能撑住！

装酒、油等的陶罐

面点师

柴火

鹅

井水

# 坐困愁城

  困守在城堡的日子久了，厨师无法继续保持食物新鲜，他们的工作变得愈加困难。黄油和奶酪可以保存得很好，尽管有时会变得太硬而切不动。若厨师想使水果和蔬菜保鲜好几个星期，就必须将它们腌制或风干。肉类通常会经过烟熏或腌制，但厨师并不能阻止它们腐烂，所以需要用浓烈的香料和草药掩盖难闻的味道。有时，在漫长的围城之战结束后，守城方只有发霉的面包和老鼠，已经没有任何可以食用的食物。

## 城堡菜单

  在和平时期，富人主要吃肉类，包括他们自己猎杀的动物；贫民则主要吃面包，喝粥、淡啤酒等食物。

# 战争中的村民

　　**大**多数城堡附近都会有村庄。村庄里的人通过种植庄稼养活城堡里的人。村民都是农奴，几乎没有什么权利，归属于当地的贵族。作为回报，贵族有责任在农奴处于危险时保护他们。

## 农民

　　在战争时期，士兵们常常劫掠村庄，抢走食物和有价值之物，有时他们甚至会烧掉房屋。村民们无力反击，只能躲进城堡。养活数百名村民意味着城堡里的食物会消耗得更快，所以他们经常会被赶出城堡——莱西就是这么做的，并称村民们为"吃闲饭的人"。

### 1203年12月

　　围城战已经持续了4个月。随着冬天的到来，气温变得越来越低，食物的存储量也越来越少。

　　几周前，我不得不将剩下的村民们赶出城堡。这一次，法军不再允许这些村民通过，并将他们赶回城堡大门处，但我不敢让这些村民进来。我们无法再养活这些"吃闲饭的人"！那些可怜的村民夹在我们与法军之间，既没有水，也没有食物，更没有可以避寒的地方。他们无处可去，他们的房子很可能已经被烧毁了。

士兵洗劫村庄

## 农民的生活

中世纪农民的生活是很艰苦的。他们为了饱腹，要长时间在田地里劳作。不仅如此，领主还要从农民们种植的作物中收取一部分作为租金。

## 迷失在旷野

如果攻城方不让被赶出城堡的村民们通过，那些可怜的男女老少就只能在没有食物和住所的情况下被驱赶到旷野。他们唯一的希望就是活到战争结束。

# 战士

在中世纪，全职士兵的数量很少。国王和领主拥有独立的卫戍部队保护他们。每座城堡都有经验丰富的士兵把守，他们能够应对敌人突然来袭。只有在战争时期，国王或领主才会召集大规模的军队。

离家受训的骑士

铠甲下的棉服

紫杉木长弓

箭囊

弓箭手

## 骑士和步兵

骑士是中世纪军队中的精英战士。他们骑着战马，身穿盔甲，既能在马背上作战，也能步行作战。骑士们通常都骁勇善战，平时也会花费大量的时间进行军事训练。

弓箭手也都有着很高的射箭水平，但他们中的大部分通常只在战时才会应征入伍。和平时期，他们是普通农民。即使在战争时期，围城战有时候也被迫中止，原因竟是攻城方的战士们需要回家农作了。

练习剑

练习盾

1204年1月

　　我们已经被围困在城堡里6个月了，食物的匮乏使每个人变得虚弱和易怒。我们只有水——已故的理查王很聪明，在城堡内挖了两口井。我们之中的大部分人都生病了。

　　我们必须要努力坚持到春天，到那时，腓力王不得不让他手下的士兵回家种田。但现在我们听说他的军队正在铲平城堡前的岩石地面，这只能说明一件事：他们要发动攻击了！

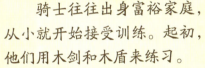

　　骑士往往出身富裕家庭，从小就开始接受训练。起初，他们用木剑和木盾来练习。

头盔

锁子甲

长矛

　　骑士的盔甲是由技艺高超的甲胄师打造的，因此价格昂贵。

# 进攻与防守

攻城方不会一直围城。一旦发现守军因为饥饿或疾病变得虚弱，攻城方便会疯狂地发动进攻。在中世纪，军队持续作战一整个冬天的情况是很罕见的。腓力二世下定决心：拿下盖亚尔城堡！

攻城塔上覆盖着潮湿的兽皮，用于抵挡炮火和箭。

吊桥

挡箭盾牌

壕沟

1204年2月

守卫盖亚尔城堡的最后一战打响了。今天早晨，法军攻击了我们的外墙，他们的弓箭手射出的上百支箭把我们从城垛上赶了下去。在箭矢的掩护下，法兵开始搭建攻城器械。我们的弓箭手奋不顾身地反击，歼灭了许多法军士兵。但当这一天结束之时，法军的攻城器械都已搭好，只待开火。我们只能希望盖亚尔的城墙足够牢固。

城垛

马厩

## 围墙之上

如果攻城方想要越过围墙，最常用的方法就是使用长梯，但守军会投掷重物加以阻止，或者把长梯推倒。所以，攻城方想要越过城墙，更好的方法就是使用攻城塔。士兵将攻城塔移至城墙附近，利用攻城塔的高度和顶盖的掩护登城。只要攻城士兵放下木制吊桥，便可以顺利到达城垛。

弓箭手

箭窗

吊桥

铁闸门

训练有素的弓箭手每分钟可以射出10支箭，一支瞄准精确的箭可以射中百米之外的敌人。

# 攻城器具

城墙通常厚达好几米。在大炮发明之前，人们使用投石机作为常用的攻城器械，它可以投掷沉重的石头作为炮弹。攻城者用投石机连续猛砸城堡的外墙，使其部分倒塌，达到攻城的目的。

一个星期后

今天是法军使用攻城器械的第六天。尽管他们用尽全力，但我们的城墙也未现一丝裂缝。难怪今天下午他们把两具马的腐尸抛入我们的外堡场。也许他们终于意识到，试图打破围墙只是在浪费时间，便希望利用马的腐尸来传染我们一些可怕的疾病。我坚信，他们终究会失败的！

再过几个星期，如果我们能坚持到最后的话，他们就可能撤军。

## 弩机

弩机可以发射巨大的弩箭，它是由古希腊人发明出来的。

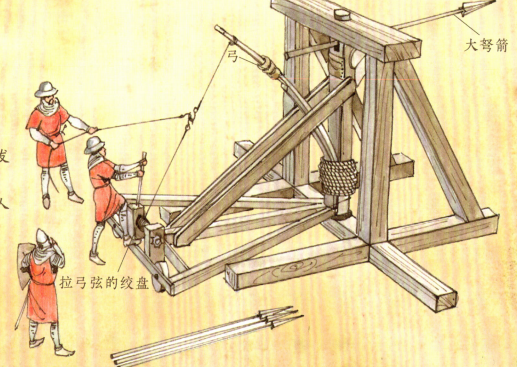

大弩箭

弓

拉弓弦的绞盘

# 投石机

士兵们将巨石装入吊臂末端的"勺子"，再将吊臂拉回原处。待士兵松开绳子，吊臂会向前弹射，将巨石射至目标。

巨石

横梁保护垫

绞绳

有时攻城方会将动物的尸体抛入城内，意在传播疾病。

为投石机提供动力的是一条用动物肌腱制成的绳子。

吊兜

吊臂

重物

# 抛石机

抛石机工作起来像一个巨大的弹弓。

士兵们将抛石机的吊臂拉下，往吊臂末端的吊兜里装填巨石。当士兵松开吊臂后，吊臂另一端的重物会将巨石抛出，直击目标。

# 地道

即使承受了数周的进攻，坚固的城墙可能依旧屹立不倒。这时攻城方就会挖地道来削弱城墙的地基，直至部分墙体倒塌。腓力二世决定用这种方法让士兵潜入城堡内部。

**2天后**

我从没想到会发生这种事！今天，城堡的部分外幕墙倒塌了。原来，法军的工兵悄悄挖通了地道。昨天他们还用火烧掉了围墙的木制支柱，即便是那样，围墙都没有倒塌。但到了今天早上，法军用攻城机接连抛出巨石，攻击受损的围墙，城墙倒塌了……法军还没来得及爬过废墟，我就下令烧毁外堡垒里的一切。在烟雾和混乱中，我们撤到了外堡场。外堡场的围墙更加高大坚固，我们在这里应该会很安全。我们虽然输了一场战斗，但终究会在这次的战争中取得胜利的！

## 工兵

挖掘地道的士兵被称为工兵，他们往往是在铅矿或金矿工作过的人。任何采矿行动都是危险的，因为地道容易塌方。而破坏城墙比这更危险，因为这很可能被守军发现。守城方会用水淹地道，或反向挖一条地道（反地道），并下到地道中将敌军的工兵赶走。

## 箭头

从狭窄的"锥形箭头"到带倒钩的宽箭头，箭头被制作成了各种样式。有些箭头经过特殊加工，甚至能够射穿锁子甲。

# 突廊

突廊

投掷物

城垛上装有木制的突廊，这样一来，身处墙内的守军就可以观察下方的情况而不被弓箭手射中，同时通过地板的开口向下方的敌人扔东西。

弓弩手正瞄准敌军。

# 点燃地道

工兵用木制支柱来支撑地道的顶部，防止其坍塌。当地道挖至城墙下面，工兵便会在城墙地基上涂满猪油并点燃。当城墙地基被烧断后，其上方的地道就会坍塌，所产生的力量足以使城墙倒塌。

城墙外层由切割好的整块巨石搭建，内层填充了碎石。

清理地道中的碎石

点燃城墙地基

工兵们正
在挖地道。

攻城塔上有时会
覆盖兽皮，起到一定
的防火作用。

29

抛石机

用绞车拉下吊臂

装载吊索

## 墙中墙

　　盖亚尔城堡是有好几层围墙的同心城堡。首先，攻城方要攻入用于防守城堡入口的外堡场。然后，他们必须要穿过主城堡的外堡场，再从那里进入内堡垒中。即便如此，守军依旧可以撤退到城堡主楼的巨大石塔中。城堡主楼是一座非常坚固的堡垒，但也并非坚不可摧。

# 希望渺茫

守军们因饥饿和疾病变得虚弱不堪，眼瞧着城墙被攻破，他们深知末日即将来临。

投石机

攻城塔

法军工兵

剖面图

战斗的守军

1204年3月1日

　　我们已经尽力了，但是坚持不了太久了。食物几乎吃完了，我们很虚弱，很多人还得了病。腓力王的工兵又挖了另一条地道，我们便挖出了一条反地道，将他们赶了出去，但城墙也因为这些地道而变得脆弱。约翰王肯定已经听说了我们面临的险境，不过看来我们只能依靠自己了。

大盾后的弓弩手

## 治疗

医生会用草药和放血疗法治病，但当时的人们并不懂得正确的医学知识，死于疾病的人往往比死于战争的人还多。

## 螺旋楼梯

即使进入城堡主楼，攻城士兵还要通过螺旋楼梯这一关。这种楼梯的设计十分有利于守军，可以居高临下地阻击敌人。

# 最后一搏

当攻守双方有一方无法坚持时，战斗会立即宣告结束。但有时当攻城方突破了所有防御来到守军面前时，双方最终的近身搏斗会非常激烈。

1204年3月6日

　　一切都结束了。地道的确使城墙脆弱了很多，就在今天，一段城墙在一系列的攻击下轰然倒塌。我手下那些还能战斗的人都跑去守缺口了。狡猾的法军进入地道并到了我们这边的反地道。他们突然出现在内堡场，从背后偷袭我们。我们战力尚可，但依旧寡不敌众，甚至无法逃到城堡主楼。我们终究还是成了法军的战俘……

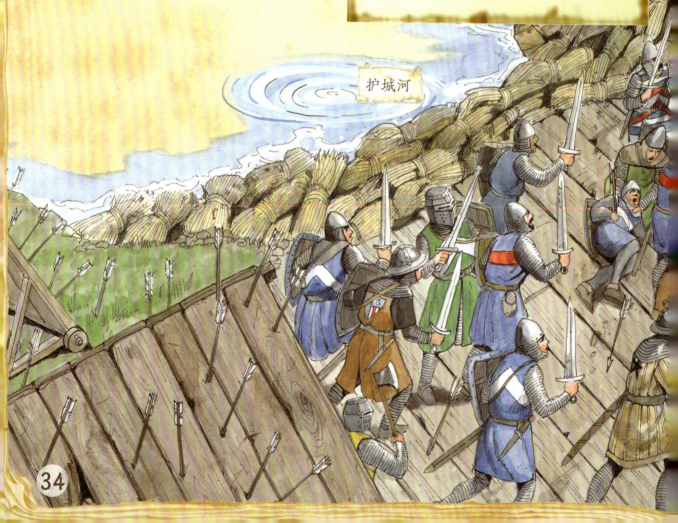

护城河

## 盔甲

这场战争中，骑士的盔甲是用铁环串成的锁子甲。到了14世纪，板甲开始出现。这两种盔甲的头盔分别是带有护鼻（鼻甲）的锥形头盔和接近于现代头盔的大钢盔；大钢盔能够完全包住人的头部。步兵的保护措施相对骑士而言要少很多。

# 投降

攻守双方都深知：如果没有援军救援城堡，只要攻城方有足够的耐心，他们就会赢得胜利。在当时的欧洲，至少坚守40天是守军的职责。在那之后，守军便可以体面地投降。盖亚尔之围从1203年8月开始，到1204年3月6日结束，大约持续了7个月。

1204年3月7日

　　这是我作为战俘度过的第一个夜晚，我一直在为这段时间发生的事情而懊悔。我还能做点什么吗？战争的最后，我手里只剩下140名士兵，许多人身负重伤或因生病而无法战斗，就算是健康的人也快被饿死了，而且也快要站着睡着了。即便如此，这些士兵们依然竭尽全力守住盖亚尔城堡最后一丝希望，但没有人来帮助我们。我现在只希望腓力王能仁慈地对待我们，并让我的这些勇士活下去。

## 投降或死亡

守军知道，战败时投降是他们最好的选择，这样他们才有可能活下来。如果守军打算坚持抵抗，他们就不会被仁慈地对待了……

# 结局

最终，盖亚尔城堡里英勇的守军士兵被法兰西国王赦免并释放，约翰一世也缴纳了1000马克白银赎回了莱西将军。从此，约翰一世失去了诺曼底及他在法兰西王国的大部分领土，难怪他会被称为"无地王约翰"。

莱西将军交出了剑

宣布守军投降

# 遇见传奇历史

## 骑士进行曲

[英] 戴维·斯图尔特 著
[英] 马克·伯金 绘
什 陆 译

科学普及出版社
·北 京·

**图书在版编目（CIP）数据**

遇见传奇历史. 骑士进行曲 / (英) 戴维·斯图尔特
著；(英) 马克·伯金绘；什陆译. -- 北京：科学普
及出版社, 2024.6
ISBN 978-7-110-10679-2

Ⅰ. ①遇… Ⅱ. ①戴… ②马… ③什… Ⅲ. ①骑士
(欧洲中世纪)－历史－通俗读物 Ⅳ. ①K109②D59-49

中国国家版本馆CIP数据核字(2024)第038726号

著作权合同登记号：01-2023-2469

英文版原版由The Salariya Book Company Ltd出版。
本书简体中文版通过The Salariya Book Company Ltd
授权中国科学技术出版社有限公司出版。
未经许可不得以任何方式抄袭、复制或节录任何部分。

# 目　录

| | |
|---|---|
| 简介 | 2 |
| 骑士养成之路 | 4 |
| 正式骑士 | 6 |
| 盔甲和武器 | 8 |
| 骑士的战马 | 12 |
| 纹章 | 14 |
| 骑士比武 | 16 |
| 战争 | 20 |
| 城堡的作用 | 28 |
| 大礼堂 | 30 |
| 医疗 | 32 |
| 娱乐活动 | 33 |

# 简介

　　**将**时间拨回到1000—1500年的欧洲，那是属于骑士的时代，他们建造城堡、比武狩猎、享受盛宴、在战争中与敌人搏杀……中世纪，人们靠占有土地来获得权力与财富，土地由城堡的主人控制。国王是这片土地上的至高权力者，他允许贵族持有土地。作为回报，贵族发誓为国王而战。贵族也会将自己的部分土地分给他的骑士。

骑士必须宣誓效忠于国王。

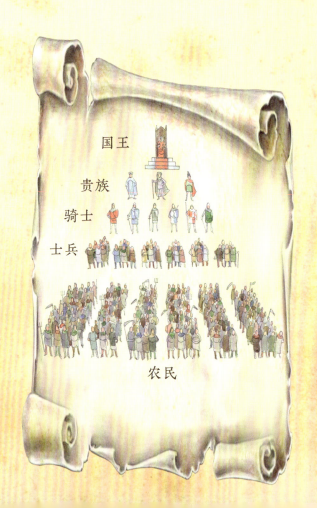

国王

贵族

骑士

士兵

农民

## 中世纪精英

骑士不只是士兵，而是中世纪欧洲的精英。普通的士兵徒步行军，以长矛和弓为作战武器；而骑士骑在马背上，身穿品质优良的盔甲，手持剑与长矛。不过，骑士的装备和训练费用价格不菲，通常只有出身于富裕家庭的男孩才有机会成为骑士。

### 对与错

1250—1350年，西欧的人口总数与今天大致相同。

答：错误。1250—1348年，西欧的人口约有5000万，约为今天英国的人口总数。而1348—1350年的大瘟疫夺走了当时欧洲约1/3—2/3的人口总数。

### 骑士精神

一种被称为"骑士精神"的行为准则在中世纪的欧洲应运而生。骑士精神强调礼仪和绅士风度，尤其是在女性面前。骑士保护弱者，是高尚和勇敢的象征。

# 骑士养成之路

往往只有出身于富裕家庭的男孩才能成为骑士。老骑士的儿子7岁时会被送往城堡，成为贵族的侍童（见习骑士）。在那里，他可以学到为人处世的技巧和贵族的礼仪。到了14岁，如果见习骑士做得很好，他便可以成为一名侍从骑士（或扈从），相当于骑士的个人仆从。侍从骑士的职责是打理骑士的武器、盔甲和其他财产。他会在战前帮助骑士穿戴盔甲，也会随骑士出征。作为回报，骑士会教授侍从骑士战斗技能。

## 离家

富裕家庭出身的男孩才有机会接受骑士训练。

## 端菜

见习骑士需要在贵族进餐时把菜肴端上桌。

## 教育

修道士会来指导见习骑士，让他学会阅读和书写技能。

## 刺靶

进行刺靶练习时，侍从骑士需要用长矛刺中目标，然后迅速闪身；否则，反作用力会让他从马背上摔下来。

## 训练

到了14岁，当见习骑士成为侍从骑士，他就要开始学习格斗技巧了。

## 全副武装

## 权衡得失

13世纪时，成为一名骑士的花销太过昂贵，以至于许多年轻人会试着避免成为骑士，只保持侍从骑士的身份。

侍从骑士服侍骑士穿上盔甲。

# 正式骑士

当侍从骑士年满21岁并出色地完成了骑士训练时，他便有望成为一名正式骑士。在被授勋为正式骑士的前夜，他会沐浴和剃须。其他侍从骑士会为他穿上特殊的长袍，方便他彻夜祈祷。待守夜结束后，年轻的侍从骑士将穿上他最好的衣服，前往举办授勋仪式的大礼堂，他的亲朋好友都在那里等着他。

## 纹章

盾形纹章通常用于在比武和战争中辨别骑士的身份。

## 骑士学校

学员们最初用木剑进行格斗训练。

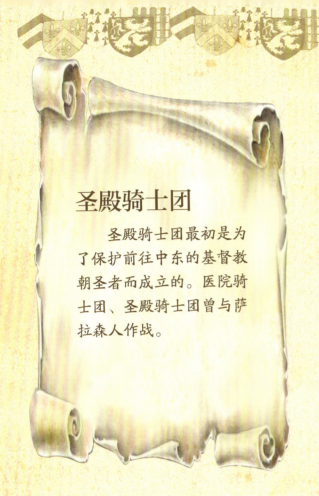

## 圣殿骑士团

　　圣殿骑士团最初是为了保护前往中东的基督教朝圣者而成立的。医院骑士团、圣殿骑士团曾与萨拉森人作战。

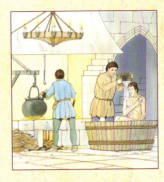

## 沐浴

　　把加热好的水倒入木盆中。

## 守夜

　　侍从骑士需要彻夜祈祷，寻求如何成为一名优秀骑士的指引。

# 骑士的授勋仪式

　　国王用剑轻触年轻的侍从骑士的右肩，这标志着他被授予了骑士称号。新骑士还会被授予属于自己的剑和马刺。这意味着他将恪守骑士精神的准则——"温文尔雅、值得信任、忠贞不贰"，并庄严宣誓。

# 盔甲和武器

骑士的战斗装备由剑、盔甲和战马组成。全套装备造价昂贵，相当于5名农场工人至少工作20年的报酬。做工精良的盔甲几乎坚不可摧，即便有损坏，表面的凹痕也能够被锤平，坏掉的盔甲链环也能被修理好。

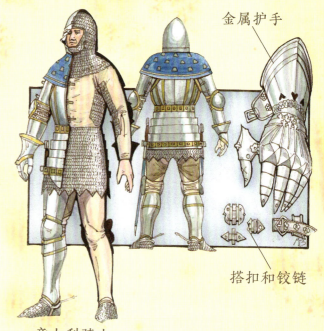

金属护手

搭扣和铰链

意大利骑士

这面盾上的花纹叫作斜齿条纹。

## 整装

侍从骑士至少需要花费1小时的时间为骑士穿上全套盔甲。

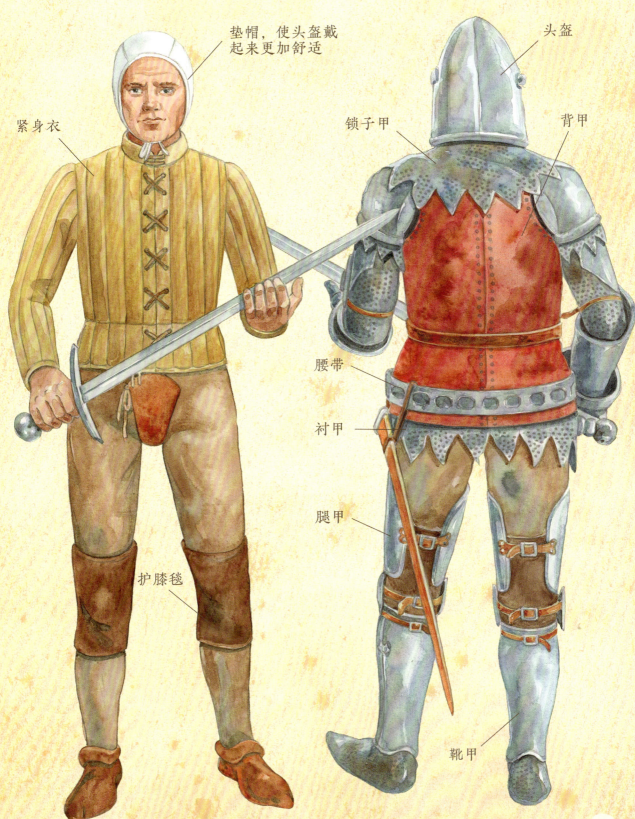

垫帽，使头盔戴
起来更加舒适

头盔

紧身衣

锁子甲

背甲

腰带

衬甲

腿甲

护膝毯

靴甲

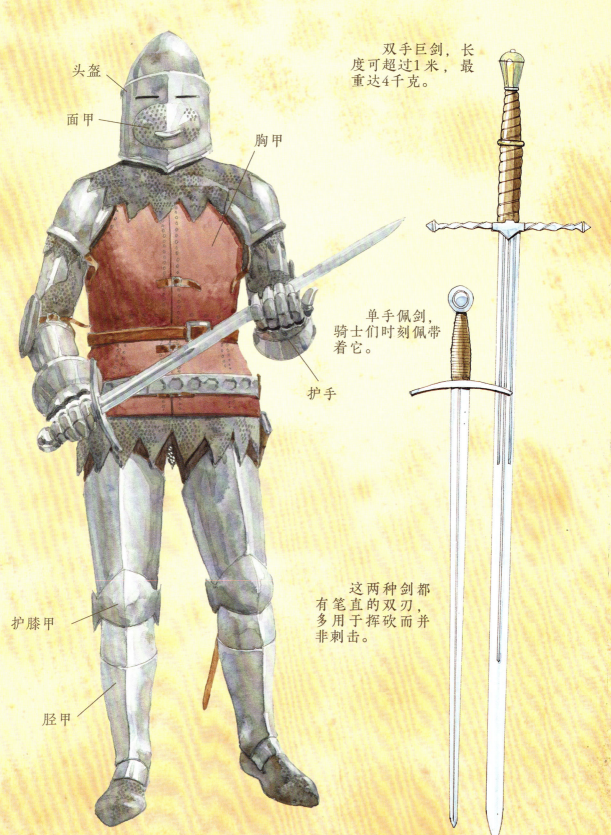

头盔

面甲

胸甲

双手巨剑，长度可超过1米，最重达4千克。

单手佩剑，骑士们时刻佩带着它。

护手

这两种剑都有笔直的双刃，多用于挥砍而并非刺击。

护膝甲

胫甲

击锤

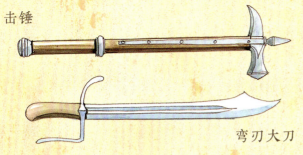

弯刃大刀

## 穿戴盔甲

　　结实的金属盔甲重约25千克，各部分巧妙地连接在一起，便于骑士活动。不过，骑士在穿戴着盔甲时，常会感到闷热不适。

## 破甲武器

　　再好的盔甲，也无法百分之百确保骑士的安全。锋利的剑和重锤都可能破坏头盔，伤及头部。

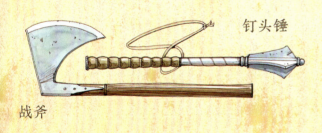

钉头锤

战斧

## 制作盔甲

　　锁子甲是由金属圆环环环相扣制成的，骑士们通常还会在锁子甲外再穿一层板甲。一套完整的盔甲通常会由数名工匠参与制作，包括锻工、制甲工、研磨工、钳工和蚀刻工等。

锻造金属圆环

固定锁子甲

## 部件命名

　　一套盔甲的每个部件都有自己特殊的名称，大部分来源于法语，因为法语是最初那代骑士的语言。

# 骑士的战马

中世纪的战争中主要有两个兵种：马背上的骑士和徒步行军的步兵。骑士需要骑着战马作战、参与骑士比武、狩猎和行军。品质优良的公马会被骑士选作军马或战马，这种马匹必须要经过严格训练，才能适应战场。

马勒

缰绳

马嚼子

胸带

马刺

镀金马刺是一种用于嘉奖做出英勇事迹的骑士的荣誉勋章。马刺后带尖的轮子被称为刺轮。马鞍上的鞍桥和后鞍桥可以防止骑士坠马。

马蹄铁

## 选马

13世纪，骑士通常至少需要两匹战马——一匹猎马和一匹军马。猎马速度快，军马常用于骑士比武。旅行时，骑士更喜欢使用被称为驯马的温驯马匹。至于驮马，也就是拉货用的马，多用于扛运行李。

锁子甲护颈

护肩甲

臂甲

护肘

后鞍桥

臀甲

腹带

马镫

剑鞘

# 纹章

**在**激烈的战斗中，每位骑士都全副武装，要如何分清敌友呢？在遮住脸的头罩式头盔广泛使用后，这件事就变得更加困难了。于是，一套名为纹章的徽章系统应运而生，这一想法可能来自萨拉森人。起初，纹章的样式被绘制在盾牌上，后来才被缝在了骑士的无袖罩袍（穿在铠甲外的布衣）和马饰上。

最开始的时候，只有贵族和骑士才拥有纹章。骑士的纹章原属于个人，后来成为世袭徽章从而代代流传。

## 基本纹章样式

棋盘方格型　　堡垒型　　垂直锯齿型　　锯齿形十字型

垂直条纹型　　纹章上段型　　弯曲型　　十字型　　上下对开型

圣安德鲁十字型　　交叉十字型　　左右对开型　　垂直条纹型　　横条型

## 纹章的语言

盾牌的每部分都有着它自己的名字：

纹章上段
（顶部）

右纹章
（右侧）*

左纹章
（左侧）*

底
（背景颜色）

寓意物
（样式）

*注意：纹章的方位以持盾人为准，右侧即骑士的右手边；反之，亦然。

## 穿刺纹章

穿刺是将两种纹章样式并排连在一起放在一面盾牌上。这通常表示着夫妻二人的结合，代表妻子的部分置于纹章右侧，代表丈夫的部分置于纹章左侧。

妻子的纹章

丈夫的纹章

## 纹章的颜色

纹章的颜色主要有金色和银色两种金属色，以及蓝、红、紫、黑、绿这五种普通色。不同的颜色可能代表不同的含义。

左上图的纹章在红色的背景上画着一头用后腿站立的金狮。用纹章学的话来说，它代表一只狂暴的金狮。

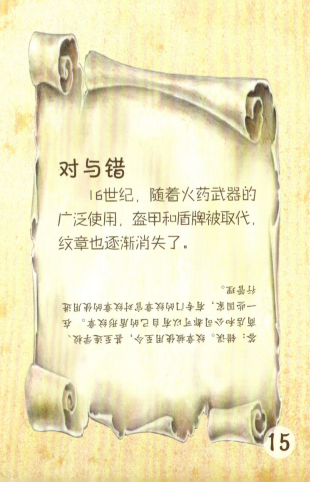

## 对与错

16世纪，随着火药武器的广泛使用，盔甲和盾牌被取代，纹章也逐渐消失了。

错误：纹章被继续用至今，甚至还被现在许多公司用作自己产品的标识。有些国家，比如英国仍保留着特许使用纹章的权利。

# 骑士比武

骑士比武大约起源于11世纪，当时是作为一种战争的演习——两组骑士进行一场模拟战斗。战败的骑士会输掉他的战马和盔甲。对骑士们而言，骑士比武是一场财富的争夺战。

## 盛大的活动

　　骑士比武是非常受欢迎的活动，因为它包含了骑士精神的方方面面：复杂的仪式、勇气、对女士的尊重及骑士的美德。但它同样也是一场危险的游戏，因为骑士会在比武中受伤。国王或教皇有时会禁止这项活动。

# 马上长枪比武

13世纪，马上长枪比武被加入骑士比武项目。在该比武中，骑士们将进行一对一的对决，两名骑士以极快的速度冲向对方，并试图把对方从战马上击落。

后来，骑士比武逐渐变得平和，切磋和展示的成分远多于战斗。

## 实战学校

12世纪的一位历史学家说："如果一名骑士没有通过比武做好准备，他将无法在战斗中大放光彩。"

骑士比武会一连持续好几天，并且还会举办晚宴——当然，这是为那些比武后身体没什么大碍的骑士准备的。

# 战争

战争时期，国王会召集士兵们去战斗。士兵通常穿着简单的束腰外衣，步行作战。大多数士兵使用的武器是矛，后来变为戟——一种带有斧状刀刃的长矛。射手是另外的兵种，一名熟练的射手能够射中90米外的目标，每分钟可射出12~15支弩箭。

旋转把手

十字弓，一种短而结实的弩，安装有把手，士兵通过机械挂钩或控制杆将弩箭射出。

## 战争胜利

普通步兵很难战胜装备精良的骑士，骑士在射手的配合下很容易取得战役的胜利。失败的一方将损失军队甚至丢掉王权。

## 战争失败

为了起到震慑作用，普通士兵被俘虏后可能会遭到严厉的处置。骑士被俘后，通常会被敌方当作人质以索要赎金。双方的骑士都认为他们是平等的，理应得到骑士的待遇。

## 对与错

有一种特制的箭能射穿骑士的盔甲。

答：正确。弓箭长的射程非常远，可以致使骑士死亡，但正确的一句，有可以射击在100米开外的另一匹马，其远一句，都是可以杀死的。

在中世纪的战争中，进攻城堡最安全有效的方法就是围困它，使城堡内的物资无法得到补给，信使也无法外出求救。

攻城方一抵达城堡，便会提出让守城方投降的要求。如果守城方接受，那么他们便可以毫发无损地离开城堡；如果守城方拒绝，攻城方就准备围困城堡使其弹尽粮绝，不得不降。

大盾

抛石机

攻城槌
（冲车）

25

攻城塔

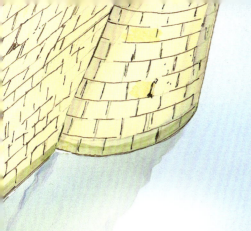

攻城塔和攻城槌上通常会覆盖着潮湿的兽皮，这样可以在一定程度上抵御炮火和射来的弓箭。

投石车

巨大的攻城武器被分成各个零件，由马车运来后就地组装。其中包括用于投掷巨石的抛石机和投石车，可一次性发射多支弩箭的弩车，还有供士兵登城的攻城塔。同时，士兵们要把剑磨得锋利，备好箭矢，检查长弓……

如果双方陷入僵持，那么围困的局面将会持续数周甚至数月。附近的城镇和乡村会被劫掠，城堡里的守城方饥不择食，他们甚至会切开皮带，将其煮至柔软可咀嚼的程度，以便充饥。

有时，攻城方还会向城堡抛掷死去的动物尸体来传播疾病。

# 城堡的作用

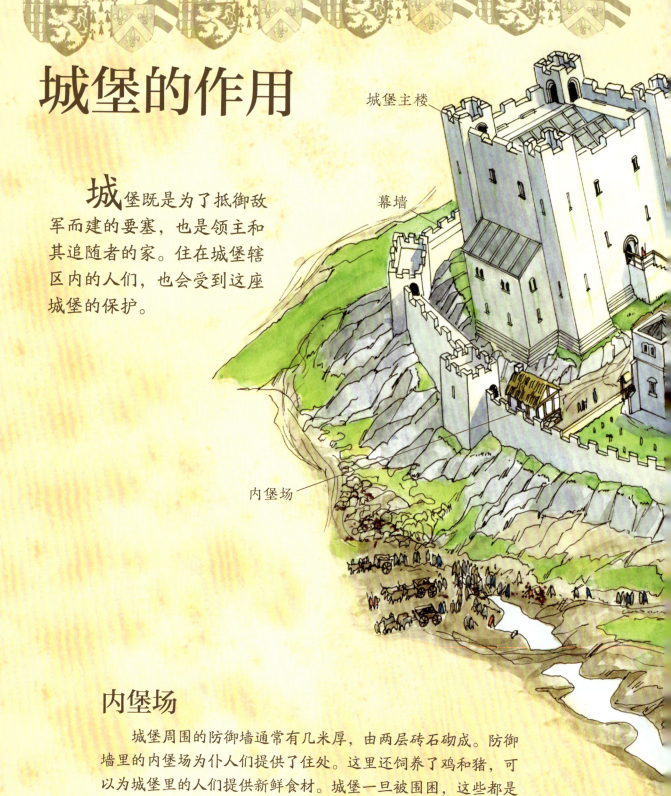

城堡主楼

幕墙

内堡场

城堡既是为了抵御敌军而建的要塞，也是领主和其追随者的家。住在城堡辖区内的人们，也会受到这座城堡的保护。

## 内堡场

城堡周围的防御墙通常有几米厚，由两层砖石砌成。防御墙里的内堡场为仆人们提供了住处。这里还饲养了鸡和猪，可以为城堡里的人们提供新鲜食材。城堡一旦被围困，这些都是重要的补给资源。

早期的城堡是由石头堆砌的，中央的主体部分由箭塔和幕墙保护。

早期的城堡由建造在山丘上的木塔及其附属建筑物组成，环绕它们的坚固栅栏叫作外栅。

1080年的城寨城堡

# 大礼堂

城堡的"心脏"是大礼堂。人们会在这里一起吃饭，领主也会举办宴会招待客人。宴会上，领主和客人会坐在高台上的主桌边。盛大的宴会通常从早上开始，并持续一整天。

## 酒类

中世纪的人们通常会饮用红酒或啤酒，因为它们远比被污染的井水要干净得多。

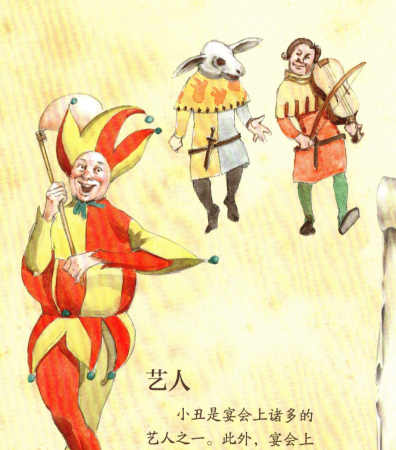

## 艺人

小丑是宴会上诸多的艺人之一。此外，宴会上还可能有杂技演员、音乐家和巡回哑剧演员。

## 城堡里的人

城堡建筑集合了各种功能，包括居住、驻军和行政办公等。领主和夫人雇有会读写和记账的文员。管家负责管理城堡中的工作人员，庄园管家则负责管理农场和征收地租。

## 餐盘

　　领主和他的贵客们使用银质餐盘享用美食，其余人则使用"食盘"——由一块平板状面包做成的餐盘。这些"食盘"会吸收食物中的油脂，并在使用后被分送给贫民。

　　到了晚上，桌椅会被收起来，仆人们会睡在地板上的草垫上。

遮篷

主桌

城堡的主人

高台

# 医疗

　　骑士的生活充满了危险。即使在非战争时期，狩猎和骑士比武等活动也会让骑士们受伤。当时的外科医生会使用烧红的烙铁来灼烧（烧焦）伤口以止血，他们还会用焦油涂抹伤口。骑士们常常会因这些原始的治疗方法引发的败血症去世。

## 诊断

　　很长时间以来，医生会通过检查病人的尿液来诊断疾病。中世纪的戏剧和小说中经常有手拿尿液样本瓶的医生的形象。

## 放血疗法

　　当时，许多疾病被认为是由体内血液过多引起的，因此治疗方法便是从病人身体里释放出一部分血液。医生会用小刀切开病人的皮肤放血，或者使用水蛭吸出病人身上的一部分血液。当然，这种方法是存在很大风险的。

尿液样本

尿检结果对照图

## 对与错

　　直到今天，水蛭仍被使用在医疗中。

答：正确。一些国家用它们来清洁伤口和输血。

# 娱乐活动

狩猎是骑士们最喜欢的健身方式，骑士们会带着猎犬去猎鹿。国王们有自己的皇家鹿园或自然保护区，在未经允许的情况下，其他人都不可以在那里狩猎。

骑士和女士们最喜欢的狩猎方式是鹰猎，即训练猛禽去捕捉其他鸟类。

鹰爪带

上图是一只飞翔的鹰，拴住鹰爪的皮带叫作鹰爪带。

## 读一本好书

骑士和女士们都很喜爱诗歌和小说，他们要么自己朗诵，要么找来专业的音乐家或吟游诗人为他们吟唱。骑士们喜爱罗兰和奥利弗等著名英雄的战争故事，女士们则更喜欢听亚瑟王和他的骑士们的浪漫故事。写情歌是当时流行的活动，贵族甚至国王也以此作为娱乐消遣。

骑士们捕猎境异常得令野猪追入陷阱会变凶猛。猎犬追野猪绝入陷阱时会变凶猛。骑士们派野猪在时常

# 遇见传奇历史

## 埃及木乃伊

〔英〕杰奎琳·莫利 著
〔英〕马克·伯金 绘
什 陆 译

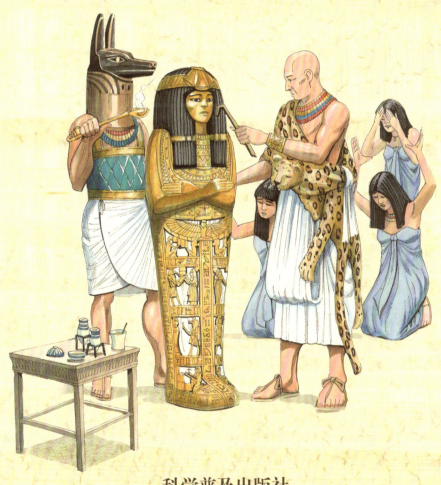

科学普及出版社
·北京·

**图书在版编目（CIP）数据**

　　遇见传奇历史. 埃及木乃伊 /（英）杰奎琳·莫利著；
（英）马克·伯金绘；什陆译. -- 北京：科学普及出版
社, 2024.6
　　ISBN 978-7-110-10679-2

　　Ⅰ. ①遇⋯ Ⅱ. ①杰⋯ ②马⋯ ③什⋯ Ⅲ. ①干尸 –
埃及 – 古代 – 通俗读物 Ⅳ. ①K109②K884.118.8-49

中国国家版本馆CIP数据核字(2024)第038728号

著作权合同登记号：01-2023-2469

# 目　录

简介　　　　　　　　　　　　　　2

美好的向往　　　　　　　　　　4

特殊的职业　　　　　　　　　　6

防腐剂　　　　　　　　　　　　8

面具和棺材　　　　　　　　　　10

葬礼工匠　　　　　　　　　　　12

卡诺普罐　　　　　　　　　　　14

送葬队伍　　　　　　　　　　　16

渡河　　　　　　　　　　　　　18

墓地　　　　　　　　　　　　　24

净化仪式　　　　　　　　　　　26

"另一个世界"　　　　　　　　28

盗墓者　　　　　　　　　　　　30

# 简介

如果你是一名生活在三千多年前的古埃及人，那你一定会相信神明在庇佑着你的家乡。由于埃及地处沙漠，相传如果没有诸神的帮助，土地寸草不生。每年尼罗河水都会泛滥一次。每当洪水暴发时，这条贯穿埃及全境的大河便会淹没河岸，给沿岸的土地带去养分。古埃及人因此欢呼雀跃并感谢神明，因为这样一来，他们在这些土地上种下的庄稼就足够养活许多人了。

盖伯　舒

## 古埃及的传说

古埃及人相信他们的国家是世界的中心，法老是这个世界的神。法老死后，将和太阳神拉一起穿梭于天空之中。天空女神努特吞下了落日，努特的父亲大气之神舒将她与她的哥哥——大地之神盖伯分开，自此创造了新世界。

## 对与错

季节性降水导致了尼罗河水位的上升。这些现象均发生在尼罗河南部，靠近源头的地方。

答：正确。尼罗河河水泛滥是每年夏季如期而至的现象，这是一个长达数千年的传统。时至今日，尼罗河水依然会泛滥。

在尼罗河沿岸肥沃的土地上，有很多富人的农场。在沿岸的大城市中，还有着金光闪闪的庙宇。大多数农民都住在小村庄里，以捕鱼或卖货为生。他们在地主的农场里工作。农民并不富裕，但他们十分满足。

沙漠中没有公路，尼罗河航运便是古埃及人主要的出行方式。商船、游船和公务船在尼罗河上络绎不绝。尼罗河西岸矗立着有千年历史的金字塔，它是历代法老们的陵墓。

金字塔

芦苇船

# 美好的向往

多数古埃及人住在尼罗河东岸，去世后则被送到西岸埋葬。在那里，他们将开启前往"另一个世界"的旅程。"另一个世界"位于西方，在山的另一边。古埃及人认为，太阳西落之后，第二天又会在东方升起，虽然"去往西边"意味着消逝，但也意味着进入另一种更加快乐、没有烦恼的生活。

## 对与错

只有重要的人士才可以在自己的坟墓上建造金字塔，比如赫努特梅赫特（下文简称"女祭司"）。

注：错误。考古学家如今只在皇室陵墓引下才会见到金字塔（约公元前1250年），在民间，建一个小金字塔是很常见的事情。

女祭司刚刚离世，她的儿子若有所思地凝视着西方，思考着怎样帮助母亲完成去"另一个世界"的旅程。

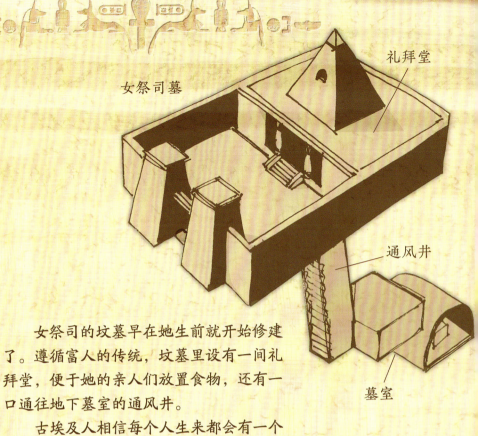

女祭司墓

礼拜堂

通风井

墓室

这是一尊护卫灵的人形雕像，他头顶的两只手举起来是在保护自己的身体。

女祭司的坟墓早在她生前就开始修建了。遵循富人的传统，坟墓里设有一间礼拜堂，便于她的亲人们放置食物，还有一口通往地下墓室的通风井。

古埃及人相信每个人生来都会有一个护卫灵。在人去世后，其护卫灵保护逝者去往"另一个世界"。而护卫灵需要依附在一个人的身体上，所以古埃及人会将逝者的遗体制成木乃伊。

# 特殊的职业

防腐师被古埃及人认为是为逝者的来世准备身体之人，他们会为逝者准备好一具可以容纳其护卫灵的身体。首席防腐师拥有"秘密大师"的头衔，因为只有他知道保存遗体的秘方。

女祭司的儿子来到木乃伊陈列室，为母亲选择合适的处理方法。首席防腐师亲自接待了他，向他展示了各种样式的木乃伊。

壁画

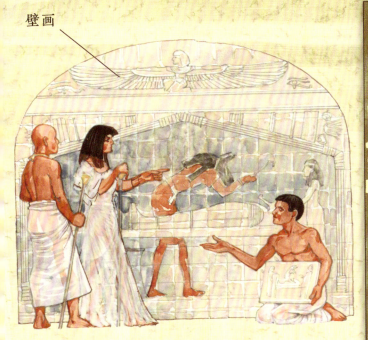

女祭司在去世之前曾仔细地为自己挑选了坟墓的壁画。古埃及人相信，将愿望描画出来便可以心想事成，所以坟墓壁画的主题常常反映了逝者生前的愿望。

## 木乃伊种类
### 不同预算标准

经济型：向遗体内注入松油，在泡碱中浸泡满40天，确保其可以保持干燥。

大众型：晾干遗体后，涂抹精油并修复凹陷，用绷带缠绕好，附上护身符。

豪华型：涂抹精油、香料、牛奶和葡萄酒，修复凹陷，重整头发，重塑面部特征，确保逝者到了"另一个世界"可以"体面"地生活。同时，还可以选择是否佩戴首饰。

## 收据

古埃及人会将信息写在莎草纸上。这份公元前270年的收据表明，防腐师收到了防腐材料，并承诺木乃伊将于72天内准备好并下葬。

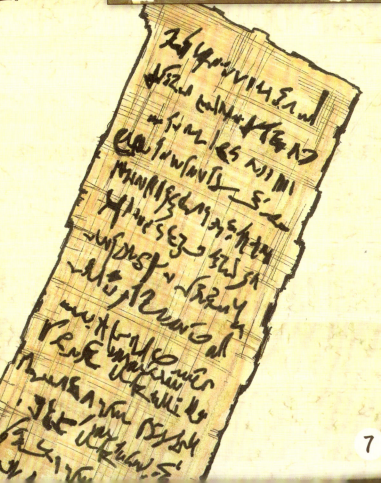

# 防腐剂

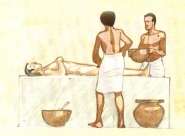

泡碱是一种温和的防腐剂，防腐师会先用泡碱水清洗遗体。古埃及人相信水可以赋予人生命，所以清洗遗体也被看作是一种获得重生的行为。洗净后的遗体被转移到防腐桌上，防腐师继续处理遗体的其他部分，然后用棕榈酒冲洗遗体的内部。最后，将净化好的遗体裹上泡碱晶体，干燥40天。

## 泡碱

泡碱是一种类似盐的物质，能够吸收水分。在埃及某些湖岸边可以找到天然的泡碱晶体。

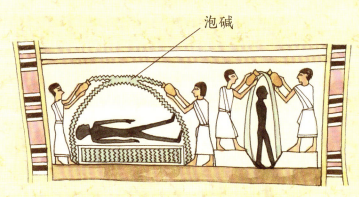

泡碱

一幅公元前600年的壁画（上图）描绘了防腐师工作的场景。他们正将泡碱水倾倒在遗体上。

打扮成
阿努比斯的防腐师

在另一个场景（左图）中，遗体躺在狮形防腐桌上。站在最前面的人打扮成阿努比斯的模样，他可能是一名首席防腐师，象征赋予逝者新的生命。

　　防腐师会在晾干的遗体中填充木屑、亚麻和泡碱，再在干燥的皮肤表面涂抹精油，还有能让遗体发出香气的香料和松油。然后，还要填补身体凹陷不平的部分，安装义眼，甚至重新为眉毛上色……最后，防腐师将女祭司的遗体缠绕在多层的亚麻布绷带中，一具木乃伊就基本完成了。

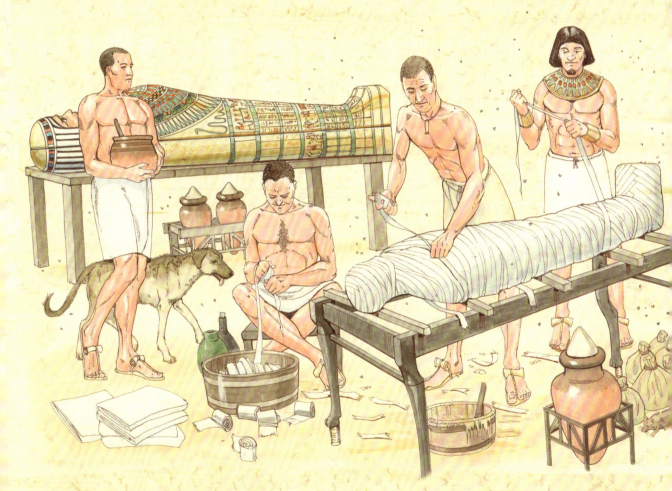

　　打扮之前，防腐师会为女祭司的遗体戴上作为神圣标志的项链和胸饰。

　　缠绕绷带时，护身符被固定在层层绷带之间；树脂作为防腐剂被涂在每一层绷带上。

# 面具和棺材

**女**祭司的儿子为她打造了两口镀金棺材，以体现母亲的重要地位（皇室成员可能会有3口棺材）。棺材以大套小，外形是逝者双臂交叉的样式。

棺材设计成人形是保护女祭司的意思。

## 女祭司的棺材

这是女祭司的外棺棺盖，下半部分绘有彩绘，上半部分镀上了金。内棺与外棺相似，但多半被镀上了金。两口棺材都选取了女祭司年轻时的美好形象，并戴着一顶仪式用的假发。她被塑造成交叉着双臂的样子，这是奥西里斯的经典姿势。

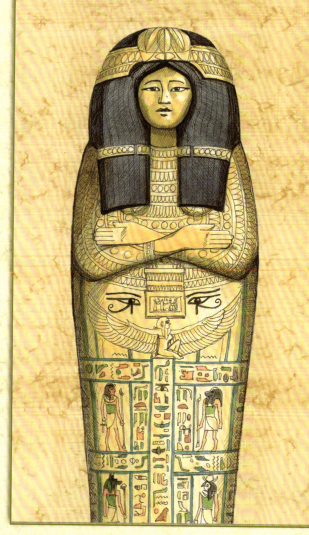

## 对与错

木乃伊的名字源于波斯语，本意是沥青。在制作木乃伊的过程中，有时会用沥青作防腐剂。

答：错误。虽然人们认为木乃伊身上覆盖着黑色的物质，但其实是树脂。

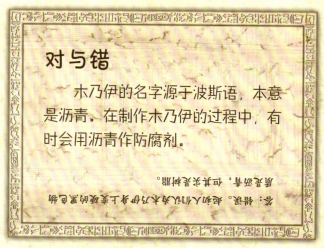

古埃及人认为，通往"另一个世界"的旅途充满了邪恶的灵魂，因此女祭司需要知晓正确的咒语来击退敌人。记载着强大咒语的文字被写在莎草纸上，并放在女祭司木乃伊的护布上。

装扮成阿努比斯的牧师在女祭司的木乃伊边诵读咒语。

# 葬礼工匠

借助防腐工艺，技术娴熟的工匠为女祭司的儿子提供了精心制作的棺材。工匠们接受过严格的训练，他们为法老的宫殿和陵墓制作精美的物件，也会为富人服务。他们的设计遵循严格的传统标准。

工匠们的报酬是用诸如几罐油或几卷亚麻布等贵重物品支付的。当时，货币还未出现，人们是用"以物易物"的方式进行交易的。

表面的光滑对镀金工序来说十分必要，所以工匠需要在粗糙的木头上涂上涂料。随着涂料变干变硬，木制表面变得如丝绸般光滑，这时金匠就可以开始镀金了。

做石膏模具的助手

把一块金子砸薄的金匠

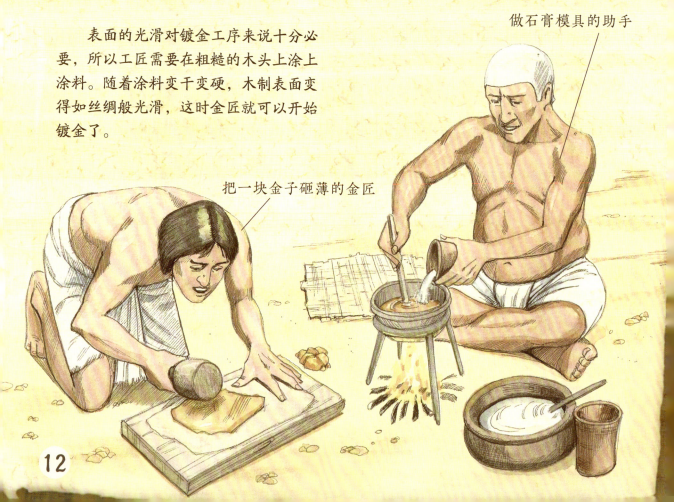

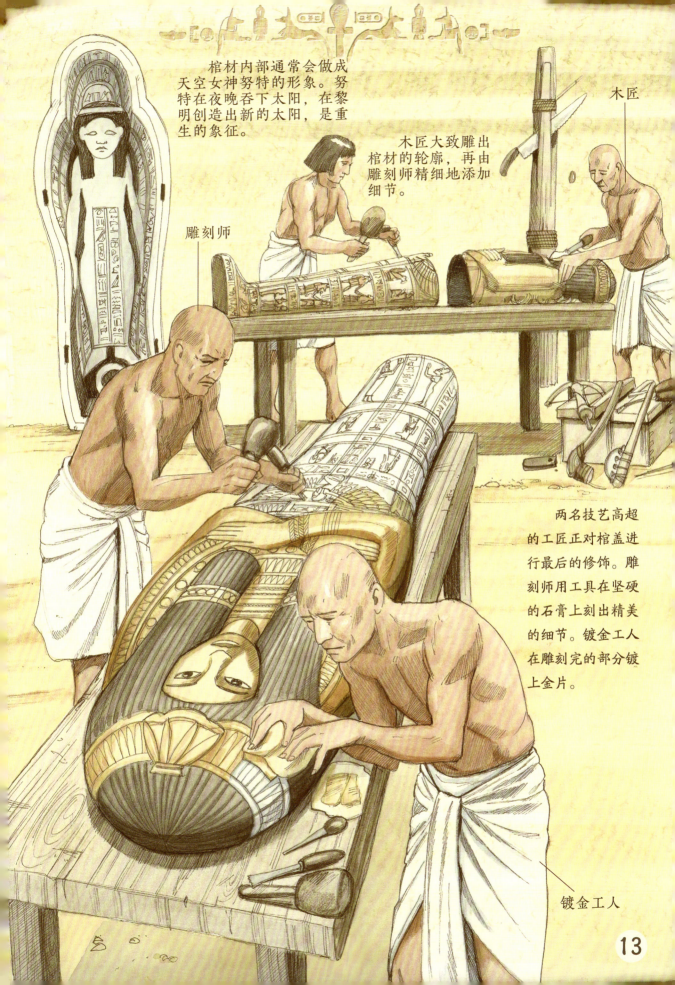

棺材内部通常会做成天空女神努特的形象。努特在夜晚吞下太阳，在黎明创造出新的太阳，是重生的象征。

木匠

木匠大致雕出棺材的轮廓，再由雕刻师精细地添加细节。

雕刻师

两名技艺高超的工匠正对棺盖进行最后的修饰。雕刻师用工具在坚硬的石膏上刻出精美的细节。镀金工人在雕刻完的部分镀上金片。

镀金工人

13

# 卡诺普罐

移走内脏是防腐师的重要工作。如不移走内脏，它们会快速腐烂，连带着损坏木乃伊。所以，木乃伊和内脏需要分开保存。逝者的器官通常被存放在4个有盖容器中，这些容器被称作卡诺普罐。

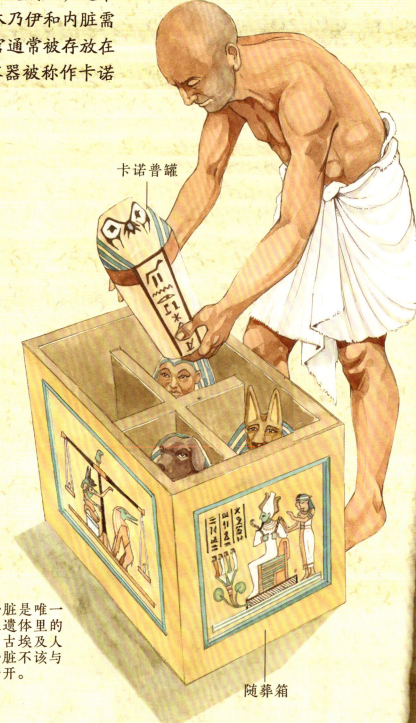

卡诺普罐

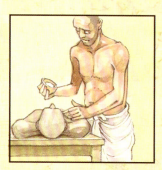

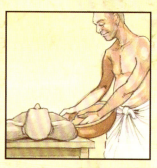

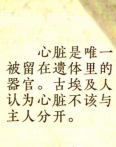

心脏是唯一被留在遗体里的器官。古埃及人认为心脏不该与主人分开。

随葬箱

卡诺普罐放在有着4个隔间的随葬箱中，最终会被放在墓中靠近棺材的位置。女祭司的随葬箱是黑色的。

女祭司的随葬箱

女祭司的卡诺普罐是木制的，每个罐子都有着不同形状的盖，让人知晓罐子里放了什么：狼头盖代表罐里装着胃，人头盖代表肝，鹰头盖代表肠，狒狒头盖代表肺。

# 送葬队伍

**出**殡那天，一支庞大的送葬队伍从西向尼罗河进发，陪伴着女祭司踏上了她的"重生"之旅。

女祭司的木乃伊被安置在有天篷的船形基座上，人们用牛拉橇把棺材运到尼罗河边。

# 送葬队伍

祭司们跟着送葬队伍，烧香、吟诵咒文。女性送葬者拍打着胸部，把尘土撒在头上，以示悲伤，她们的哭喊声与吟诵声混在了一起。队伍后面跟着许多运送随葬用品的仆人。

送葬人

一幅古埃及壁画上画着几名送葬人拖着棺材。

橇　　棺材架　　木乃伊

# 渡河

到了尼罗河东岸，送葬者和祭司们的队伍沿堤道将木乃伊抬到船上。

祭司再次给女祭
司的木乃伊举行净化
仪式。

送葬人

首席祭司

# 东岸

女祭司的木乃伊在神庙中制作。

送葬船

# 西岸

　　送葬船的模型也会被制成陪葬品放进墓室。

　　待送葬船靠近岸边时，仆从会前来迎接。

狭窄的船能够在湍急的
尼罗河中自如航行。

祭司

木乃伊

**女**祭司的木乃伊被送至尼罗河西岸。横渡这条神圣的大河的过
程能够使人联想到太阳神每天乘小船划过天空的情景。

送葬人

一艘大船将棺材送去西岸，陪同人员有送葬人和一名祭司。
女祭司的木乃伊被送到西岸的码头，到达了她最终的安息之地。

# 墓地

渡过尼罗河后，送葬队伍将女祭司的木乃伊送往她的坟墓，坟墓是女祭司生前为自己规划的"永恒之家"。她的木乃伊会在地下安息。

祭司在进行最后的仪式时，一名葬礼官员会监督搬运随葬品，并将这些物品应放的位置告知侍从们。

用泥和大麦种子制成的奥西里斯雕像，有时会被放进坟墓里。谷物破土发芽象征着新生命的到来。

墓室里挂有一幅女祭司画像，方便她接受供奉。

职业送葬人

人们放声哭泣，以表达对女祭司的怀念，身着浅蓝长袍的职业送葬人会被雇佣，以显哀荣。

# 净化仪式

净化仪式开始了。祭司竖立起女祭司的木乃伊，以洒水和焚香的方式再次净化。然后，祭司用仪式用具触碰木乃伊面具的嘴。

被制成木乃伊的食物

女祭司的随葬食物被装在一个食盒里，包括四只完整的鸭子和几块肉等。这些食物也都被制成了木乃伊。

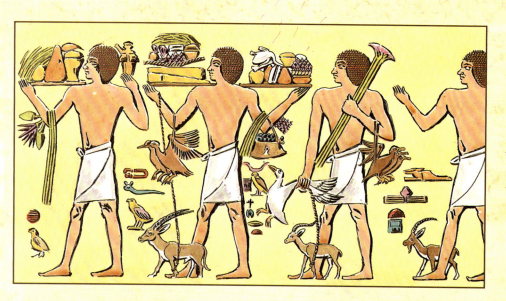

为了确保祭品不会短缺，坟墓里绘制了人们将祭品带来坟墓的场景。

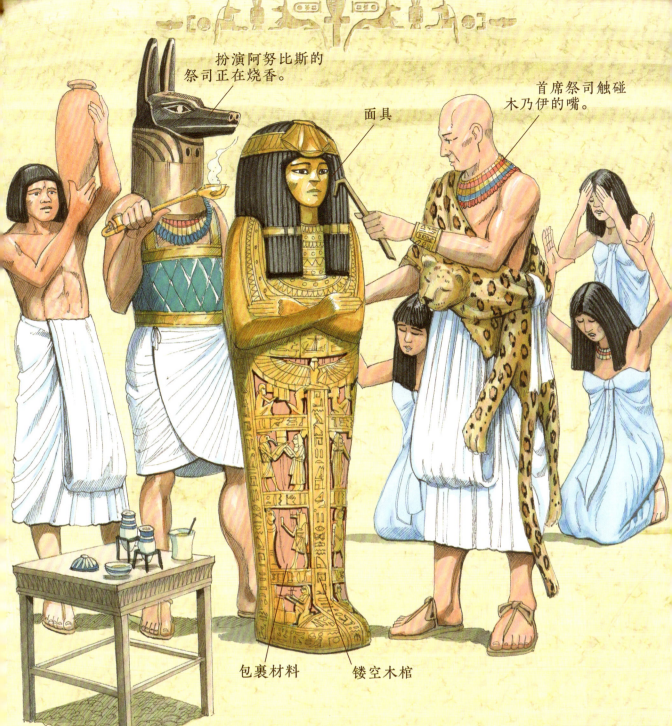

扮演阿努比斯的
祭司正在烧香。

面具

首席祭司触碰
木乃伊的嘴。

包裹材料

镂空木棺

古埃及人献给逝者的随葬品不
一定是真品，考古人员在坟墓中发
现了用超薄材料制成的假项链和凉
鞋。这些物品只是实物的象征，传
说在"另一个世界"同样有用。

在最后一位遗
属离开墓室以后，
仆人会打扫干净墓
室的地板，并封住
墓室的大门。

27

# "另一个世界"

　　**传**说，女祭司来到"另一个世界"后，她的心脏将会被放在真理天平上称重。真理女神玛阿特会站在一边，看着阿努比斯调整天平，知识之神托特将会记录下结果。旁边还有一只怪兽，等待吞噬重于真理之羽的心。

我的心啊！
请不要站出来指证我！
请不要在法庭上和我对立！
请不要在天平守护者面前与我作对！

托特

玛阿特

怪兽

关于心脏称重的壁画

阿努比斯

传说，生前行善之人来到这里会受到奥西里斯的欢迎，来到谷物茁壮成长的芦苇之乡。

这里非常像逝者生前所生活的世界，但不同的是，这里不用劳作。

古埃及人心中最美好的场景是逝者在圣树下尽情享用美食。

神话故事里的女祭司正在等待称重结果。如果生前做尽坏事，心脏会变重。只要她的心比真理之羽还要轻，那么她就会有好的归宿。

# 盗墓者

**女**祭司"安息"在她的坟墓里，但她很可能会被盗墓者惊扰。盗墓者偷取随葬品，比如镶有宝石的首饰、珍贵的香水和昂贵的亚麻布。

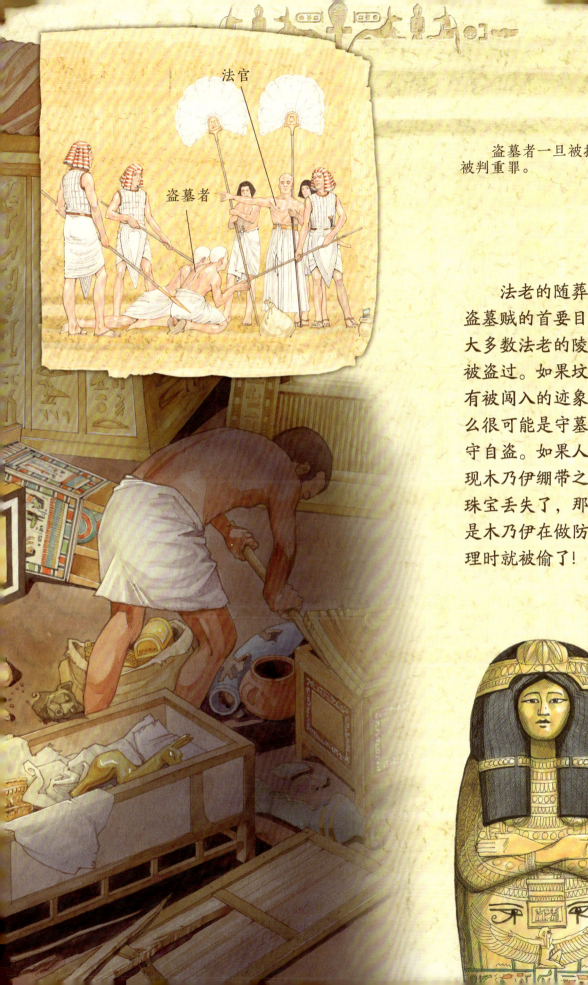

法官

盗墓者

盗墓者一旦被捕，将被判重罪。

法老的随葬品是盗墓贼的首要目标，大多数法老的陵墓都被盗过。如果坟墓没有被闯入的迹象，那么很可能是守墓人监守自盗。如果人们发现木乃伊绷带之间的珠宝丢失了，那肯定是木乃伊在做防腐处理时就被偷了！

# 遇见传奇历史

## 海盗的冒险

[英]尼克·皮尔斯 著
[英]马克·伯金 绘
什 陆 译

科学普及出版社
·北 京·

图书在版编目（CIP）数据

　　遇见传奇历史. 海盗的冒险 / (英) 尼克·皮尔斯著; (英) 马克·伯金绘；什陆译. -- 北京：科学普及出版社, 2024.6
　　ISBN 978-7-110-10679-2

　　Ⅰ. ①遇… Ⅱ. ①尼… ②马… ③什… Ⅲ. ①海盗－历史－世界－通俗读物 Ⅳ. ①K109②D59-49

中国国家版本馆CIP数据核字(2024)第038727号

著作权合同登记号：01-2023-2469

Chronicles － Pirates © The Salariya Book Company Ltd 2016

英文版原版由The Salariya Book Company Ltd出版。
本书简体中文版通过The Salariya Book Company Ltd
授权中国科学技术出版社有限公司出版。

# 目 录

海盗世界 2

海盗家族 4

美洲大陆 6

海盗之港 8

造船 10

黑胡子的海盗船 11

船长和船员 16

导航 18

武器装备 20

饮食 22

加勒比海盗 24

海战 26

最终的审判 28

安妮女王复仇号的残骸 30

# 海盗世界

可以说，在人类进行航海活动的同一天，就有了海盗！四千年前，海盗袭击古埃及的船只；两千年前，古罗马和希腊海盗抢劫过往船上的乘客；一千年前，维京海盗几乎洗劫了整个欧洲……海盗的出现与人们的航海历史分不开。

## 黑胡子的日记

几个世纪以来，像我这样的海盗一直让人们闻风丧胆，其实我们并不是像人们描述的那种头脑简单的暴徒。我们中的许多人是迫于生计才去做海盗的。当然，作为一个海盗可以赢得荣耀和财富，但这只是这个故事的一半。我决定通过写下这本日记让人们了解过去海盗的生活。所以，亲爱的读者，如果你想了解更多关于我的故事，请继续读下去……

牛津号，属于海盗亨利·摩根，于1669年在西印度群岛发生爆炸。

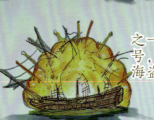

最富有的宝藏船之一——辛科查加斯号，于1594年被英国海盗击沉。

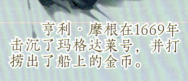

亨利·摩根在1669年击沉了玛格达莱号，并打捞出了船上的金币。

1681年，英国海盗劫持了正驶往巴拿马的罗萨里奥号。他们以为船上的货物是锡，于是把货物丢在了船上。船上的"锡"其实是银！

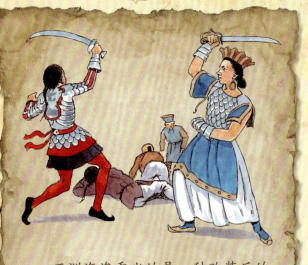

亚洲海盗乘坐的是一种改装后的戎克船，其速度快、火力强和货舱大等优势使它们更适合海战。近身战斗时，亚洲海盗喜欢使用能够刺穿金属的宝刀。

柏柏里海盗活跃于地中海南岸，以抢劫附近的船只闻名。他们乘坐的是由奴隶划桨的大船。柏柏里海盗拥有训练有素的"禁卫军"，随时准备跃上被抢船只制服船员。

议长号是约翰·鲍恩的海盗船，于1702年在毛里求斯附近沉没。

1407年，中国探险家郑和在苏门答腊海域遭遇了大海盗陈祖义的舰队。

# 海盗家族

许多海盗最初的身份是私掠船船长——受政府鼓励抢劫敌国船只的私人船长。在16世纪，这是欧洲国家间的一种廉价的战争方式。但在1603年，英格兰国王詹姆斯一世禁止了在加勒比海地区的私掠行为。

对此，伊斯帕尼奥拉岛（今海地）的私掠船组成了无法无天的海盗团伙，逃亡的奴隶和罪犯也加入了他们。这些海盗十分残暴，在美洲海域横行霸道。

## 黑胡子的日记

海盗是一群形形色色、稀奇古怪的人，他们可能来自不同国家，出身于各行各业。一些海盗因为他们的传奇故事而为大家所熟知，如弗朗西斯·德雷克；还有一些海盗烧杀抢掠，横行无忌。

巴塞洛缪·罗伯茨是一名威尔士海盗，死于1722年的一次战斗。他曾在短短两年内夺取了400艘船，赢得了所谓的"快乐、自由和权力"。

弗朗索瓦·罗罗内刚到加勒比海时仅是一名仆人，后因抢劫西印度群岛的船只和残暴地杀害俘虏而臭名昭著。

罗奇·巴西诺是一名荷兰私掠船的船长，曾领导了一场叛乱，以射杀任何拒绝和他一起喝酒的人而闻名。1671年，他不知所终。

# 黑胡子

　　爱德华·蒂奇出生于英格兰布里斯托尔，我们今天更熟悉的是他的绰号——"黑胡子"。查尔斯·约翰逊是黑胡子传记的第一个作者。1724年，查尔斯将黑胡子残忍的行径和奇怪的外表呈现给世人。不过，他对黑胡子的描述很可能是充满了幻想的。据他所说，这个海盗身上挂满了手枪和匕首，一时心血来潮还会射杀自己的船员。然而，黑胡子更有可能是利用恐吓而非暴力来达到目的的。据说，他在登上被抢船只前，会在帽檐下绑上引线恐吓对方。

# 美洲大陆

历史上，西班牙曾在美洲大陆进行殖民掠夺。同时，许多欧洲国家的海盗船和私掠船在加勒比海地区徘徊，常年窥伺着西班牙宝藏船。

## 黑胡子的日记

在这些日子里，我沿着西属美洲东海岸航行。西班牙海军对这片海域疏于防范，大量的宝藏简直是上天的礼物！如果一名海盗足够聪明且幸运，他就可以逃脱追捕，通过不断地劫掠变得富有……

英国海盗出没于加勒比海，是西班牙船队的大威胁。海盗们在海上虎视眈眈，等待掠夺从新大陆来的装满贵重物品的西班牙宝藏船。

西班牙的宝藏船里
经常有装满了金币和银
币的箱子。

金币

银币

8雷阿尔（西班牙的
货币单位）是单枚银币的
最大面值。它们是西属美
洲主要的流通货币。

弗朗西斯·德雷克是以袭
击西班牙船只闻名的英国海盗。
西班牙人认为德雷克是野蛮的
海盗，但是英国女王伊丽莎白
一世在1581年封他为爵士。

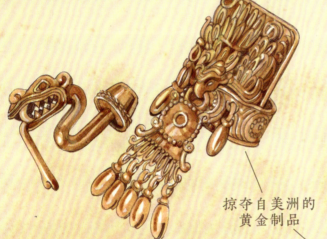

掠夺自美洲的
黄金制品

## 战利品

西班牙人以掠夺美洲原住民的黄金珠
宝闻名。他们熔掉这些战利品来制成金币，
再用宝藏船运回欧洲。当一艘宝藏船被俘
获时，海盗船的舵手会负责暂时看管战利
品。待航行结束，舵手会将战利品与船员
们分享。

# 海盗之港

蛮荒、律法松弛的牙买加罗亚尔港是许多海盗船的藏身之地。这里有许多富有的商人，他们会用低价收购海盗们掠夺来的金银珠宝，然后运往伦敦高价出售，并用所得的利润购买食物等航海补给品，再卖给罗亚尔港的海盗。

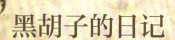

## 黑胡子的日记

当我们不出海时，我和船员们喜欢在罗亚尔港这样的地方放松。港口的小酒馆很欢迎我们，但要注意的是，这些地方也是小偷和骗子的聚集地，要盯紧钱包……

木船需要填补缝隙。人们用浸过柏油的棉花或大麻塞在木板之间，可以使船只不渗水。

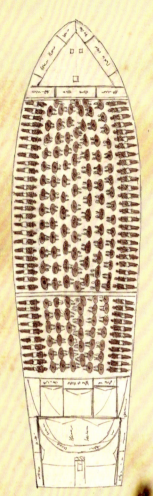

## 奴隶贸易

在横渡大西洋的航行中，奴隶们被锁在甲板下，只能得到少量的水和食物。大量的奴隶死在航行中，幸存者在到达目的地后会被公开拍卖。

## 三角贸易

1500—1800年，非洲大约有1200万名奴隶被运往美洲。

殖民者将枪和布匹运往非洲，将蔗糖等物资运回欧洲。

甘蔗　　　甜菜

## 种植园

在美洲大陆的种植园里，数以百万计的非洲奴隶在恶劣的条件下劳动。难怪那些逃跑的奴隶都乐于加入海盗组织！

# 造船

船是在船坞建造而成的。一个繁忙的船坞可以为许多人提供工作，比如工匠、学徒、原材料供应商等。

柏油加热

制作新桅杆　木匠　铁匠

固定板材

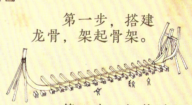

第一步，搭建龙骨，架起骨架。

供应商的重要性不亚于在船坞里工作的工匠。他们为造船提供了各种材料，比如木材，绳索和锚索要用的麻类植物，钉匠、铁匠和桶匠要用到的铁器，以及敛缝工人用的柏油。

第二步，加装肘板，用甲板梁连接两侧。

许多材料必须从海外运来，因此为船坞提供这些材料本身就是一项重要的贸易。

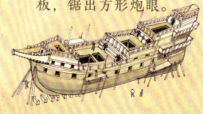

第三步，加装侧板，锯出方形炮眼。

工人在缝合船帆。

敛缝工人用涂上油的绳子密封板材的接缝处。

准备绳索和缆绳，制造升降船帆时所需的滑轮。

第四步，密封接缝处，拆掉脚手架，准备下水试航。

# 黑胡子的海盗船

黑胡子的战舰最初是一艘法国奴隶船，负责在加勒比海运送货物，在一次航行中被黑胡子霸占。

## 船头

船的前部是船员居住的地方。在帆船时代，前甲板下的空间被称为水手舱。

## 船尾

一艘船最舒适的区域在中后部，船长在一间不大的屋子里操控船只。

船上所有的食品都储存在厨房的附近。火灾是航海中常见的意外，海上风浪很大时，厨房一旦着火会蔓延得很快。

缆绳

前桅主帆

船头斜桅

斜杠帆

## 缆绳

　　远洋航行的装备在16世纪发展很快。航行
中因各种原因导致减员时，节省劳力的缆绳和
滑轮就使得剩下的船员依然能够驾船返航。

船头

后桅帆

黑胡子旗

甲板

船尾

船长室

下层甲板

舱底压舱物

13

黑胡子对这艘船进行了改装，增设了大量的炮眼，移除了前后甲板……改造完成时，这艘船拥有40门大炮，甚至比当地的许多战舰还要强大。黑胡子便把它命名为"安妮女王复仇号"。

前桅上桅帆

一艘被海盗追逐的宝藏船

海盗旗

前桅帆

船头三角帆

船头斜桅

横帆

前桅宝帆

船头

前桅主帆

后桅主帆

后桅帆

缆绳

船尾

主帆

甲板

缆绳

15

# 船长和船员

羽毛三角帽

丝绸腰带

涂有焦油的帆布裤，可以防寒且保持干燥。

船长希望每位船员都能知道自己的职责，然后尽最大的努力去完成自己的工作。作为回报，船员们可以得到一份他们掠夺来的财宝，份额的多少取决于各自的工作岗位。

船长是战斗中的指挥官。他被选为船长，是因为船员们将他视为一位强大的领袖。

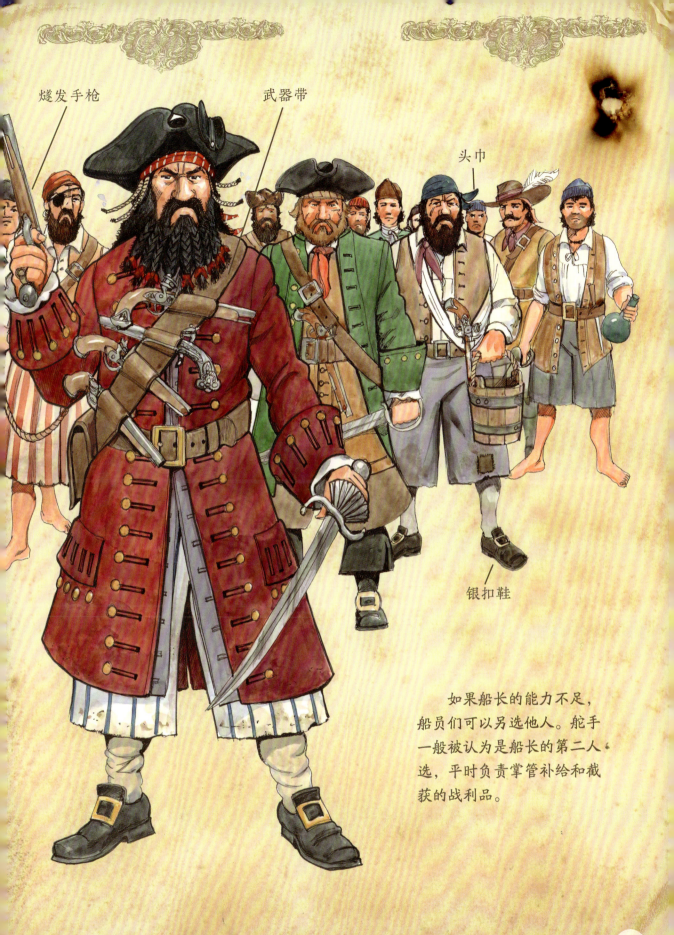

燧发手枪

武器带

头巾

银扣鞋

如果船长的能力不足，船员们可以另选他人。舵手一般被认为是船长的第二人选，平时负责掌管补给和截获的战利品。

## 黑胡子的日记

劫掠并不是海盗生活中的全部。如果没有经验丰富的船员，船注定会在海上迷路……

## 危险

由于过分关注周围的环境而忽视导航，船也有可能漂流到危险海域，撞上礁石……

# 导航

导航员使用当时最好的仪器来确定船在海上的位置。在白天，他根据太阳相对于海平线的高度来确定方位；在晚上，他通过观察月亮和星星的位置来确定船的航向。

沙漏

罗盘

## 罗盘和沙漏

罗盘用来确定方向，以便导航员能据此画出航线。沙漏则用来测量航行花费的时间，这有助于确定船是否仍行驶在正确的航道上。

# 直角标尺

直角标尺可以用来测量角度，比如海平线和太阳之间的角度，有助于根据角度来估算两地之间的距离。

# 反向标尺

导航员用反向标尺，可以计算出船的位置。使用时，导航员需要背对着正午的太阳站立，将反向标尺伸直，望向海平线。通过记录阴影的角度，导航员可以算出船所在的纬度。

# 星盘

这个装置可以用来确定太阳、月亮和各个行星的方位，帮助导航。

# 海图

船长在研究海图时，你绝不能打扰他。在每天的同一时间，导航员会计算出船的位置，再由船长标记在海图上。船长每天用标尺在海图上测量船只航行的距离，并检查航向是否正确。

海图

19

# 武器装备

短兵相接时，海盗会用五花八门的武器，例如：斧头、剑、匕首或长矛。

向敌人投掷点燃的手榴弹，杀伤范围较大。

## 武器

海盗用步枪远距离射击，用手枪近距离战斗。它们都可以射出沉重的铅弹。

## 加农炮

海盗船一般装备有小型加农炮。一门炮至少需要3个人来操作，每隔10分钟可以发射一颗炮弹，射程约为150米。

经典海盗旗

海盗旗的设计越大胆，敌人就越会害怕。

被称为"私掠船"的船只都会悬挂着各自国家的国旗。这些军舰得到了本国政府的许可，可以抢劫其他国家的船只。

黑胡子的旗帜

亨利·埃夫里的旗帜

## 海盗的战术

在海盗船发起的大多数袭击中，最好的策略往往是出其不意。直到最后一刻，海盗们才升起旗帜。当倒霉的受害者发现是海盗船时，却为时已晚。

## 海盗旗

海盗旗上的骷髅和交叉的骨头代表着死亡和威胁，是各国船员都认识的符号。许多宝藏船看到这种旗帜时都会直接投降。

## 耳环

迷信的海盗认为戴上耳环可以改善视力，让自己免受伤害。

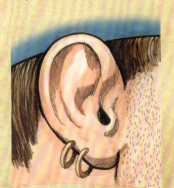

## 烟雾信号

海盗有时会在岸上放火来向行驶在海上的船只传递信息。通过调整烟雾上升到空中的速度，他们可以传递不同的信息。

# 饮食

海盗船在起航前，会准备好充足的食物和饮料，数量至少保证船能到达下一个港口。新鲜食物的保存时间不长，很多食材在潮湿的船舱中会慢慢变质，只有咸鱼和熏肉能在长途旅行中长期保存。味道浓烈的饮料有助于船员下饭。

## 海盗的菜单

船上饲养着母鸡，它们可以为船员提供新鲜的肉和蛋。海盗也可以从海里捕鱼。在没有新鲜食物的日子里，海盗不得不吃携带的饼干。它们非常硬，被称为"硬面包"。

## 黑胡子的日记

做海盗经常要饿肚子！如果船上没有足够的食物和水，船员们就会没有力量或丧失斗志。如果情况更糟一些，船员们甚至可能会骚乱，罢免船长。食物无法一直保鲜，在长时间航行后，基本上都会发霉。有时候，老鼠可能会在你之前吃掉食物……

# 坏血病

如果船上没有足够的新鲜蔬菜和水果，就会增加船员患坏血病的风险。坏血病是一种由于缺乏维生素C而引起的疾病，症状包括皮肤出现斑点和溃疡、牙龈出血、牙齿脱落和身体虚弱。

柠檬等柑橘类水果含有维生素C。

淡水会在长时间航行的过程中变质，所以船上会准备保质期长的麦芽酒供船员饮用。

海盗们每天要喝一杯朗姆酒，这是一种由糖浆酿成的甜酒。

# 葡萄酒

在喝葡萄酒之前，海盗会检查瓶塞是否塞严，否则酒可能是酸的。

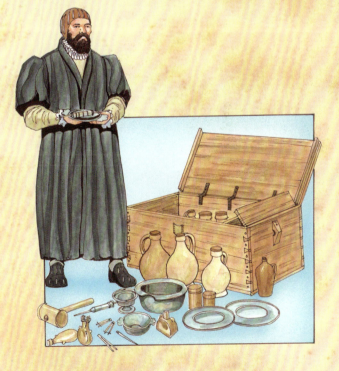

船上通常有一名被称为"理发师"的医生，他的设备包括药瓶、注射器和在手术前用来打晕病人的木槌。

# 加勒比海盗

黑胡子不是唯一在加勒比海"成名"的海盗，这一时期还有其他为人所熟知的海盗，他们的犯罪生涯被人们当作饭后的谈资。后来，人们在他们的启发下，写出了很多关于加勒比海盗的脍炙人口的故事。

羽毛三角帽

武器带

丝绒褂

## 亨利·摩根

　　亨利·摩根是一名威尔士海盗，在17世纪60年代劫掠了加勒比海沿岸的很多城市。他年轻时希望通过战斗来赢得名声和财富。亨利曾带领海盗执行英国的秘密任务——攻击西班牙殖民地。1671年，亨利摧毁了和平的巴拿马城，虽然这触犯了法律，但因英国人需要亨利丰富的经验和技能，所以他最终被赦免了。

裤子系在膝盖处

长袜

银扣鞋

## 爱德华·洛

爱德华·洛是一名英国海盗，出身于贫苦家庭，小时候当过小偷，成为海盗后以残暴著称。1723年，爱德华被处以绞刑。

## 女海盗

安妮·邦尼和玛丽·里德这两位女性在约翰·拉克姆的船上当了海盗。不过当时不允许女性登上海盗船，她们必须打扮成男人的模样，因为迷信的男性认为女性会给航行带来厄运。

# 海战

海盗船慢慢靠近它的目标。步枪开火，炮弹爆炸……海盗用抓钩把船拉近，然后登船，砍断绳索，扯下船帆。

## 恐吓

　　海盗们在上船前会大声威胁对方船员，并挥舞手中的武器。

## 投降

　　大规模的战斗并不常见。海盗通常设置陷阱或使用恐吓战术。被劫的船长都知道，一旦他们激烈反抗，令海盗损失严重，他们面临的将会是海盗十分可怕的报复。所以，船长一般会选择投降。

# 最终的审判

被捕的海盗会因其罪行而面临非常严厉的惩罚。这不仅是对其他海盗的警告，也要让人们清楚，做海盗是注定没有好结果的。很多海盗都在海上丧命。

## 黑胡子的结局

1718年11月22日，黑胡子被皇家海军中尉罗伯特·梅纳德追捕。聪明的中尉把他的大部分士兵藏在甲板下，黑胡子便认为敌人数量不多，放松了警惕。

在黑胡子登船时，埋伏的士兵一拥而上，将这位传奇的黑胡子擒住了。

最终，海盗黑胡子被处决。

## 可怕的命运

被俘的海盗一直被长条铁镣铐在甲板上，直到被带到岸上去接受审判。

## 严厉的惩罚

海盗的尸体会被吊在绞刑架上示众。这就是对被定了罪的海盗的惩罚。

## 废船监狱

侥幸逃脱绞刑的被俘海盗通常会被送进废船监狱，这是一艘专门用于关押囚犯的废弃船只。废船里阴冷潮湿，爬满了老鼠和虱子。

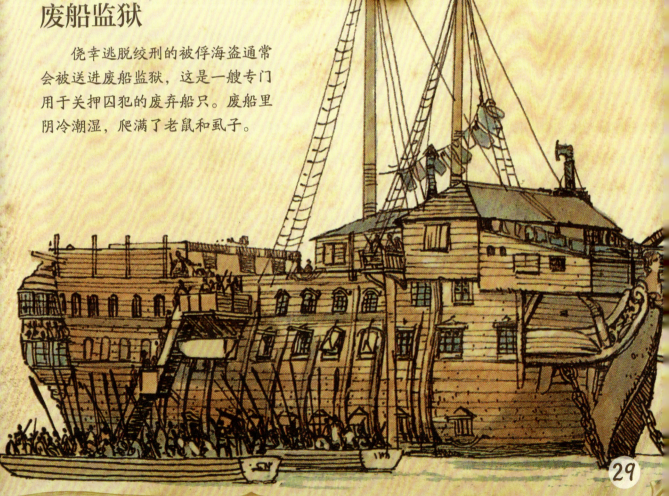

# 安妮女王复仇号的残骸

**1718**年，安妮女王复仇号在北卡罗来纳州的博福特湾搁浅。尽管这艘船名声在外，但黑胡子实际使用它的时间只有一年。

安妮女王复仇号

1996年，一家私人研究公司在北卡罗来纳州附近的海域发现了安妮女王复仇号的残骸，并从中打捞文物。

考察船

安妮女王复仇号的残骸

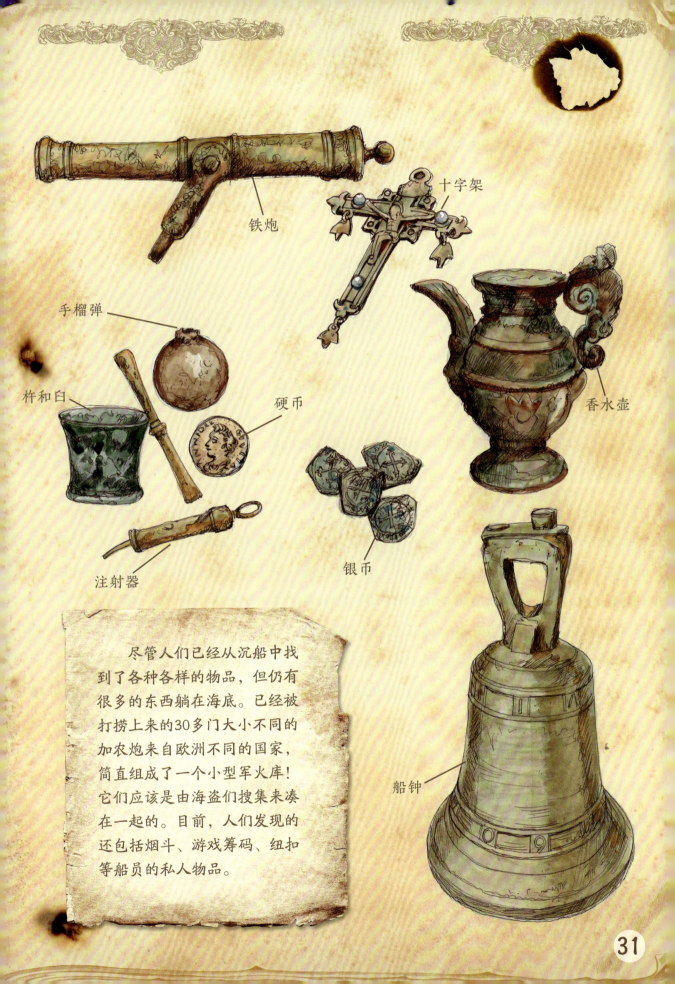

铁炮

十字架

手榴弹

杵和臼

硬币

注射器

银币

香水壶

船钟

尽管人们已经从沉船中找到了各种各样的物品，但仍有很多的东西躺在海底。已经被打捞上来的30多门大小不同的加农炮来自欧洲不同的国家，简直组成了一个小型军火库！它们应该是由海盗们搜集来凑在一起的。目前，人们发现的还包括烟斗、游戏筹码、纽扣等船员的私人物品。

# 遇见传奇历史
## 漂泊的维京人

[英]菲奥娜·麦克唐娜　著
[英]马克·伯金　绘
什　陆　译

科学普及出版社
·北京·

**图书在版编目（CIP）数据**

遇见传奇历史. 漂泊的维京人 / (英) 菲奥娜·麦克唐娜著 ; (英) 马克·伯金绘 ; 什陆译. -- 北京 : 科学普及出版社, 2024.6
ISBN 978-7-110-10679-2

Ⅰ.①遇… Ⅱ.①菲… ②马… ③什… Ⅲ.①北欧 - 中世纪史 - 通俗读物 Ⅳ.①K109②K530.9

中国国家版本馆CIP数据核字(2024)第038743号

著作权合同登记号：01-2023-2469

Chronicles － Viking Codex © The Salariya Book Company Ltd 2008

英文版原版由The Salariya Book Company Ltd出版。
本书简体中文版通过The Salariya Book Company Ltd
授权中国科学技术出版社有限公司出版。

# 目　录

简介　　　　　　　　　　　　　2

冰岛的新家　　　　　　　　　　4

劫掠与赶集　　　　　　　　　　6

法律的约束　　　　　　　　　　8

舒适的新家　　　　　　　　　　10

家庭生活　　　　　　　　　　　12

船与海　　　　　　　　　　　　14

贸易和冒险　　　　　　　　　　18

国王的盛宴　　　　　　　　　　22

旧与新　　　　　　　　　　　　24

土地！土地！　　　　　　　　　26

探索文兰　　　　　　　　　　　30

幸运列夫　　　　　　　　　　　34

不归之旅　　　　　　　　　　　36

一生的荣誉　　　　　　　　　　38

# 简介

这本书中故事的主人公是两位传奇的维京探险家——红色埃里克和他的儿子"幸运列夫"。他们带领水手和移民穿越广袤的大西洋，来到一片遥远荒凉的土地，建立新的家园。

大约在940年，埃里克出生于挪威。因为"一些暴力案件"，他和家人不得不选择离开。

　　埃里克和家人逃到了冰岛，他们的故事就此展开。大约在1200年，他们的冒险经历被写进了萨迦史诗（北欧地区特有的文学形式），一直流传到今天。继续读下去，你会发现更多关于他们的故事！

# 冰岛的新家

800年前后，维京人从斯堪的纳维亚半岛起航，去寻找新的家园。大约在870年，第一批维京人到达冰岛。到了930年，已经有超过3万名维京人在那里生活。

自由人中的富商

部落首领

## 维京人的足迹

历史上，维京人散布在北欧、东欧甚至意大利南部地区。维京商人更是敢于冒险，足迹遍布巴格达和君士坦丁堡（今伊斯坦布尔）。

劫掠来的外国奴隶

自由人中
贫苦的农民或工匠

## 首领、自由人、奴隶

维京人并非人人平等。自由人有人富有，有人贫穷。他们都有权拥有土地和武器，也有责任为他们的首领而战。奴隶属于他们的主人，没有什么财产，但他们可以用钱换取自由。

## 950年

现在,在冰岛的维京人的生活改善了许多。第一批移民经历了许多灾难,在漫长、黑暗的寒冬里,他们食物短缺,许多人和牲畜都被饿死了。如今,他们开始储存干草来喂养牲畜,建造棚屋来为牲畜提供住所。但要是所有的移民都像红色埃里克那样过度伐木、放牧,这片土地很快就不能养活他们了。

## 生存技能

维京移民自己动手种粮食、制作衣物、建造房屋。他们种植燕麦和大麦,割草并晒干,制成喂给牲畜的干草。他们赶着羊和奶牛去陡峭的山上吃草,还在夏天将羊奶或牛奶制成黄油和奶酪。为了获取更多的食物,他们还会去打鱼、捕鲸,收集鸟蛋和各种果实……

生火做饭和取暖

农舍

铁匠铺

耕地、种庄稼

# 劫掠与赶集

在冰岛，维京移民想要变得富有，会尽可能多地攫取土地，但也会通过其他方式来谋求财富——抢劫和贸易。强悍的维京海盗会闯入村庄和修道院，抢夺财物和奴隶。精明的维京商人会前往集市和市场，出售有价值的稀有商品和日常必需品。

维京海盗经常突然从海上出现，袭击欧洲的沿海城市。一次成功的突袭可能会让他们拥有一生享用不尽的财富。

## 好东西

考古学家在挖掘维京人的遗址时，发现了可能由维京工匠制作或是从远方掠夺来的珍宝，包括来自瑞典的银项链和胸针，日耳曼人的利剑和精致的玻璃制品，斯拉夫人的项链，以及来自中东的丝绸、金属制品和硬币。

950年

有传言说红色埃里克最近有离开冰岛的打算。他已经受够了开荒和造房子的日子，冰岛的生活对他而言太过拥挤和无聊了。他还经常和邻居吵架。埃里克会留在冰岛，还是会加入海盗，用他的战斗能力来赢得名声和财富呢？

# 法律的约束

移民到冰岛的维京人有自己的法律和习俗，他们组建了传统的议会（法庭和集会），以解决争端并制定法律。所有成年的男性自由人均可参加。

家族的荣誉是至高无上的，家族成员的不当行为会使整个家族蒙羞，甚至还会结下世仇。

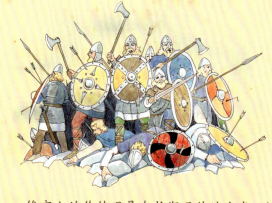

## 维京司法

被告人在议会上受审，被告和原告会将各自的支持者带进议会，拥有支持者多的一方（或支持者中权势较大的一方）往往会胜诉。这在当时被认为是最好的制度。惩罚通常包括罚款、处决或流放。被流放者将被迫离开家乡三年以上，有时甚至更久。他们一旦擅自返回，很有可能被处决。

维京人的价值观是在长期艰苦的生存环境中形成的。不论男女，维京人都崇尚坚韧、勤奋和慷慨的精神，但有时也会显得无情和冷漠。

家族间的世仇常常引发战斗。如果一方接受了对方的金钱，那么战斗可能会直接结束，否则可能会持续到双方所有壮年男子全部牺牲。

冰岛的维京人会在每年夏天举行为期两周的议会，议会由贵族委员会和议长来领导。法律条文并没有被书写下来，而是被参会者大声地背诵，以便人们记忆。

卷入冲突的人可以向对方提出决斗，败者会被判有罪。

如果违法者同意向受害者支付高额罚款，争斗就可以和平解决。

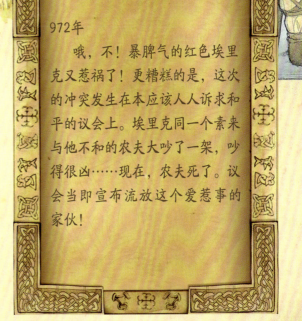

972年

哦，不！暴脾气的红色埃里克又惹祸了！更糟糕的是，这次的冲突发生在本应该人人诉求和平的议会上。埃里克同一个素来与他不和的农夫大吵了一架，吵得很凶……现在，农夫死了。议会当即宣布流放这个爱惹事的家伙！

# 舒适的新家

982年，红色埃里克和同伴们到达了格陵兰岛。第一批维京移民在那里只发现了荒芜的山脉和不毛的冰盖。地表几乎没有草木，但海中有很多鱼，悬崖峭壁上还栖息着许多海鸟。维京人捕杀海豹和北极熊来获取皮毛；捕杀驯鹿和鲸鱼来获取它们的肉和鲸脂（脂肪）；捕杀海象来获取它们珍贵的海象牙。

风干的鱼
（保存起来在冬天食用）

埃里克在格陵兰岛南端建了一座农舍。

第一批来到格陵兰岛的维京移民的房子早已荡然无存，但它们的样子很可能与上图这座位于冰岛的房子十分相似。

格陵兰是一座荒凉且令人生畏的大岛，那里的冬天十分漫长、寒冷。但住在冰岛的维京人由于急于寻找新的土地，便跟随埃里克到了格陵兰。1250年前后，埃里克在格陵兰兴建的两个村庄里已经居住了约3000人。

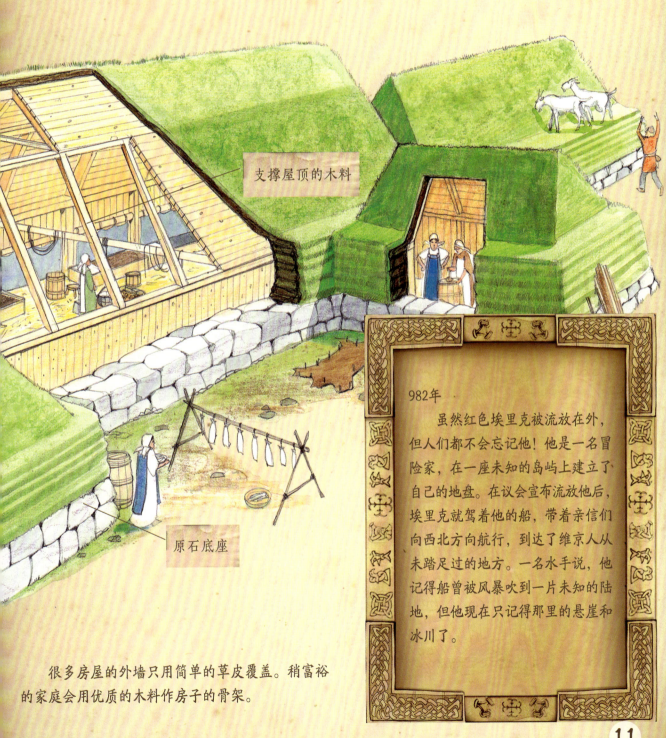

支撑屋顶的木料

原石底座

982年

虽然红色埃里克被流放在外，但人们都不会忘记他！他是一名冒险家，在一座未知的岛屿上建立了自己的地盘。在议会宣布流放他后，埃里克就驾着他的船，带着亲信们向西北方向航行，到达了维京人从未踏足过的地方。一名水手说，他记得船曾被风暴吹到一片未知的陆地，但他现在只记得那里的悬崖和冰川了。

很多房屋的外墙只用简单的草皮覆盖。稍富裕的家庭会用优质的木料作房子的骨架。

# 家庭生活

维京人无论住在哪里，都需要依靠他们的家人，没有家人的帮助是很难生存下去的。家庭成员在一起劳作，彼此忠诚。为了孩子将来能够成为有用之才，维京父母会把自己所有的技能都教给后代。

挂在木墙上的农具

正雕刻木头的父亲

拾柴的孩子

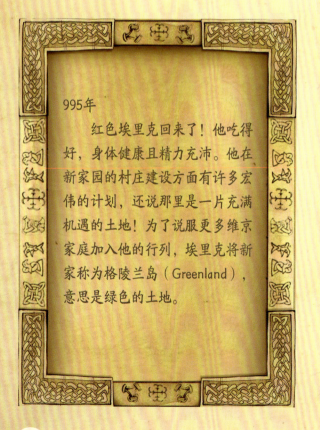

995年

红色埃里克回来了！他吃得好，身体健康且精力充沛。他在新家园的村庄建设方面有许多宏伟的计划，还说那里是一片充满机遇的土地！为了说服更多维京家庭加入他的行列，埃里克将新家称为格陵兰岛（Greenland），意思是绿色的土地。

织布的女佣

维京妇女自强自立，管理着很多家庭事务，包括打理农场和在男人外出时保卫家园。许多移民家庭都居住在偏僻的农舍里，周围没有邻居。

正在做饭的母亲

绕线杆

金属大锅

炭火

大多数维京人只有一间房，他们在这里工作、吃饭和睡觉。在冰岛和格陵兰岛，维京家庭使用泥炭（煤的一种，古代埋藏在地下且未完全腐烂分解的植物残骸）取暖。灶坑在每所房子的中央，既可以取暖，也可以用来做饭。

正在纺线的成年女儿

# 船与海

维京人大都是技术娴熟的水手，能够驾驶着漂亮的船只快速航行在汹涌、危险的北方海域。维京男孩从小就会学习航海技能。维京船的动力来自风吹动单桅方帆或水手划桨，并靠船尾的另一支大桨掌控航向。

997年

25艘满载着移民的船只决定加入埃里克的队伍，去格陵兰岛建立新家。从那以后，埃里克再也没有时间惹是生非了，光是修建房屋和干农活就足够让他忙个不停了。埃里克的儿子列夫似乎继承了父亲的活力和雄心，众人都说列夫也是个很有前途的水手，这个年轻人总有一天也会大有作为的！

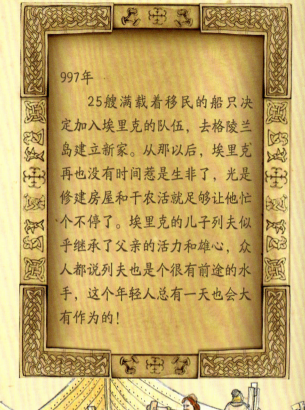

将原木劈成木板

楔子

扁斧

在海上，维京人通过观星辨别方位——北极星代表北方。白天，太阳在天空最高点时的位置代表南方。海鸟、浮游植物和动物的气味都表明陆地可能就在附近。

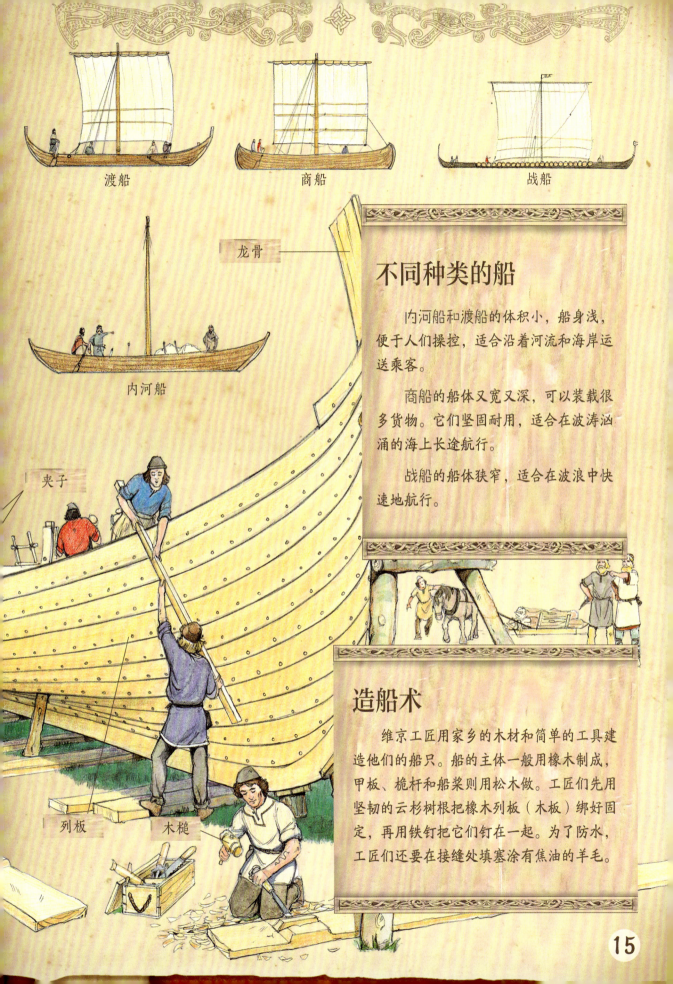

渡船

商船

战船

龙骨

内河船

夹子

列板

木槌

## 不同种类的船

内河船和渡船的体积小，船身浅，便于人们操控，适合沿着河流和海岸运送乘客。

商船的船体又宽又深，可以装载很多货物。它们坚固耐用，适合在波涛汹涌的海上长途航行。

战船的船体狭窄，适合在波浪中快速地航行。

## 造船术

维京工匠用家乡的木材和简单的工具建造他们的船只。船的主体一般用橡木制成，甲板、桅杆和船桨则用松木做。工匠们先用坚韧的云杉树根把橡木列板（木板）绑好固定，再用铁钉把它们钉在一起。为了防水，工匠们还要在接缝处填塞涂有焦油的羊毛。

每位维京水手都会讲在航行中的惊险故事。出海往往伴随着危险，即使是最好的船只和最有经验的水手也可能发生意外。维京水手常常警告人们说，海里的巨物或吃人的大漩涡可能会把船拖进深海。

　　在维京村庄，人们看到陌生船只时会很兴奋，有时也会很恐惧——因为人们不知道船上的人究竟是和气的商人还是愤怒的敌人。

17

# 贸易和冒险

维京商人长途跋涉，通过海路和陆路进行贸易。他们到访过丹麦的皇家贸易城镇，也在东欧的国际集市上与中东商人打过交道。如此一来，维京商人将偏远的维京文化与外面的世界联结了起来。在离家多年后，他们会带着财宝回来出售，也带回了激动人心的探险故事。

马车

出行时，女性坐马车，男性骑马。

木轮

为欢迎宴会备餐的妇女

招待客人的农夫

称银币的商人

19

998年

旅行者带回来的故事往往充满了魔幻味道。这些故事都是真的吗？大海非常神秘，关于海洋的故事听起来也很有趣，尤其是比亚德尼的故事！他是红色埃里克信赖的手下。几年前，比亚德尼的船被一场风暴吹离了航向，险些沉没。幸存下来的他发誓曾透过雾气看到一片陆地出现在海平线之上！

停在海滩上的商船

来自中东的丝绸

用麻袋打包好之后等待运输的货物

## 陆路旅行

　　徒步穿越荒野的陆路旅行要比航海困难得多，所以长途陆路旅行最好在冬季进行，这样维京人就可以借助雪橇、滑雪板或雪鞋沿着结冰的河流滑行前进了。

斧头用来伐木或战斗。

加热金属使其熔化。

风箱使火燃烧得更旺。

铁匠用铁砧将金属锤打成形。

## 铁匠的技能

　　每个维京定居点都需要一个铁匠铺，铁匠会为人们制作和修补武器、打制农具和木工工具，还有刀、锁、烹饪锅、链条和钉子等。最好的武器和盔甲通常是由城里的能工巧匠制作的。

# 国王的盛宴

贵族领导着第一批维京移民，他会保护那些住在附近的农民家庭。作为回报，农民家庭要对贵族尽忠。到了900年，一些维京贵族逐渐崛起，分别在他们控制着的土地上建立了三个独立的王国：挪威、瑞典和丹麦。

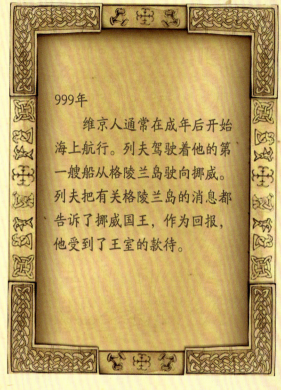

999年

维京人通常在成年后开始海上航行。列夫驾驶着他的第一艘船从格陵兰岛驶向挪威。列夫把有关格陵兰岛的消息都告诉了挪威国王，作为回报，他受到了王室的款待。

## 维京盛宴

维京人喜欢开派对！国王和贵族会设宴奖励他们忠诚的战士或欢迎贵宾，而普通家庭则会在节日或其他喜庆的日子里举行宴会。维京人相信慷慨是高尚精神的表现，所以他们会为宴会准备尽可能丰富的食物：充足的肉、面包、葡萄酒或啤酒，当然还会有奶酪、坚果、浆果、蜂蜜和奶油。

女侍

角形杯

吟唱诗人

皇家吟唱诗人会唱诗歌颂国王并以此作为娱乐宾客的方式。维京人的诗歌和故事通常不是书写下来的，而是根据记忆代代相传的。

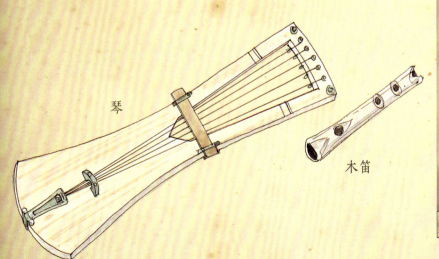

琴

木笛

## 国王的职责

国王必须是一名勇敢的战士，也是一位优秀的领袖。他必须为人民赢得财富，为自己赢得名声。国王也可能会战死沙场。

维京谚语：国王为荣耀而生，不是为长寿而活。

# 旧与新

维京人相信神明的存在，每位神明都掌管着不同方面的事务。维京人用动物祭祀神明，希望得到神明的庇佑。

维京人喜欢佩戴形状像雷神索尔的魔法槌一样的护身符（幸运符）。

1100年前后，大多数的维京人改信基督教，但有些人仍然坚持原来的信仰。

1000年前后

年轻的列夫回到了格陵兰岛，他的脑海里充满了来自挪威的新思想，其中包括新的宗教——基督教的理论。列夫试图鼓励他的家人成为基督徒，但埃里克并不愿意。埃里克一生信奉古老的维京诸神，他认为抛弃远古诸神是件很危险的事情。

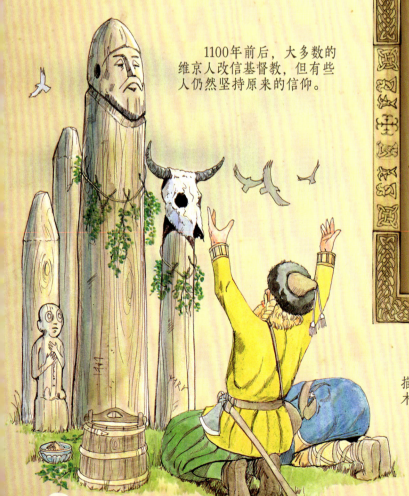

922年，旅行家伊本·法德兰描述了他遇到的维京商人向高大的木雕神像祈祷的场景。

# 维京诸神

奥丁是最强大、最神秘、最具智慧的神，他精通魔法、维京符文和诗歌，也是无可争议的战神。

索尔是一位强壮、英勇、善良而充满热情的神明。他保护着农民和工匠，并与巨兽战斗。

洛基是狡猾的诡计之神。无论是神明还是人类，都不信任他。奥丁的坐骑八足天马斯雷普尼尔其实就是洛基的孩子。

诺伦三女神是三位蒙着面纱的女神，她们分别代表着过去、现在和未来。诺伦三女神坐在支撑世界的宇宙树下，掌握着人类的命运。

巴德尔年轻英俊，受到诸神的庇护，但是邪恶的洛基还是害死了他。

弗丽嘉是奥丁的妻子，她既聪明又体贴，每天都在纺线，将轻盈的丝线织成云朵。

弗雷和他的妹妹弗雷亚为人类带来新生与爱，还为人类送去农作物生长所需的雨水和阳光。

瓦尔基里是一队被称为女武神的战士，她们飞过战场，带着阵亡战士们的遗体前往英灵殿。

25

# 土地！土地！

**听**了比亚德尼对海上出现的那片陆地的描述，格陵兰岛的维京人很激动。他们打算再次离开家园，向西航行，探寻未知的土地。

1000年前后

年轻的列夫又开始了新的远航。几个星期前，他的船队驶进了一片未知的海域！那可绝不是去冰岛或挪威的路。听说列夫买了新的船只，然后出发去寻找比亚德尼在暴风雨中瞥见的神秘陆地。他最后一次被人们看到是在从格陵兰岛向西北航行的途中。列夫是傻瓜还是英雄，只有时间才能给出答案！

商人、海盗和探险家都会仔细地规划他们的航程。在挑选了大约35名水手之后，他们将航行可能需要的物资都装上了船，食物、饮品、备用的帆和桨，以及武器，都是必不可少的。海盗船也可能会携带贸易货物、牲畜，士兵和妇孺有时候也在船上。

列夫一行人从格陵兰岛向西北航行，先后在赫尔陆兰（今加拿大巴芬岛）和马克兰（今加拿大拉布拉多）登陆。这两个地方当时一片荒凉。于是，他们继续沿着美洲海岸向南航行，最终到达了文兰（今加拿大纽芬兰）。

根据维京人的传统，人们会从旧居取下一根木头，当他们以后航行接近陆地时，再把这块木头扔到海里。他们将在木头被海水冲上岸的地方建造第一处新居。

"文兰"的本意是"葡萄之地"。因为列夫他们发现这里生长着一种多汁的浆果，以为是葡萄，于是便以此命名这片自己在美洲的定居地。其实，列夫发现的浆果很可能是紫色越橘，他们摘了很多带回家。

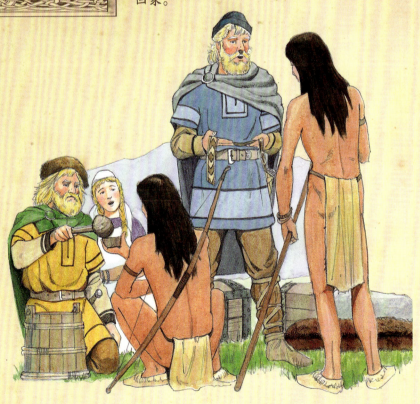

列夫一行人在美洲没有遇到任何原住民，但后续登陆的维京人与当地的印第安人进行了贸易。他们用红色的维京布料交换毛皮。

维京人将他们遇到的美洲原住民称为"斯克林斯人"。这些美洲人可能是印第安人的一支，以狩猎和捕鱼为生。

# 向西航行

　　即使在风平浪静的日子，如果没有地图或指南针的辅助，列夫一行人很难知道分辨的航向。他们不知道海平线后面会出现什么，需要很大的勇气穿越这波涛汹涌的大西洋。

## 瞭望员

　　船上视力最好的水手负责瞭望海面的情况，及时发现前方的陆地或水下的礁石。危险一旦发生，可能会致使船只沉没。

## 探索宜居之地

　　在发现文兰之前，列夫一行人还在两座不宜居住的岛屿登陆——赫尔陆兰和马克兰。在赫尔陆兰，他们除了大块的岩石外什么也没找到；在马克兰，虽然那里的树木可以用来做建材，但天气太过湿冷多雾，不利于庄稼成熟或饲养牲畜。想象一下这时列夫一行人的心情，他们可能正在担心自己能否平安撑过这次危机，再次回到农场见到自己的家人。

维京人会使用日晷来辅助航海。

# 探索文兰

列夫和同伴登岸后，发现了茂密的森林。他们现在拥有了足够的木材，可以用来修船、当木柴，甚至作为贸易货物。

列夫把他的手下分成两队：一队待在营地附近，负责打猎、捕鱼、修建房屋和做饭；另一队外出探险，但每天晚上都必须返回营地，以免发生危险。

列夫以森林中的鹿、海里的鲸鱼、河里的鲑鱼为主要食物。

列夫和他的手下们在海岸上搭起了帐篷。后来，他们决定在文兰过冬，便建起了大房子，并铺上了厚厚的草皮墙保暖。

用木锤和楔子劈木头

1001年前后

他做到了！列夫发现了一片广袤、富饶、美丽的土地，有天然的避风港、郁郁葱葱的草木和干净的淡水，还有鲜美的大鱼！那里的天气也很好，整个冬天都很暖和，几乎没有霜雪。冬天的日照时间也更长。这样一来，人们就能有更多的时间干活儿和狩猎了！

桅杆

舵桨

32

维京船吃水很浅，意味着它们可以直接航行至海滩上，装载货物很容易。

建造草皮房

# 幸运列夫

**在**文兰度过一个冬天后，列夫决定回家。春天到来时，他把毛皮和浆果装上船，向东北方向的格陵兰岛驶去。但在到达之前，列夫又经历了一次冒险，这也为他赢得了一个绰号——"幸运列夫"。

1001年

格陵兰岛近在眼前！但列夫突然看到有一些人站在礁石小岛上，这些人看起来很虚弱，拼命地向列夫一行人挥手。列夫救起了这些落难的水手，作为回报，他们将所有的财宝都给了列夫！

回到格陵兰岛的列夫受到了热烈的欢迎。他意识到这里冬天的环境非常恶劣，天气寒冷，食物匮乏，许多人死于疾病，连红色埃里克都因病去世了。列夫的家人们想马上就搬去文兰。

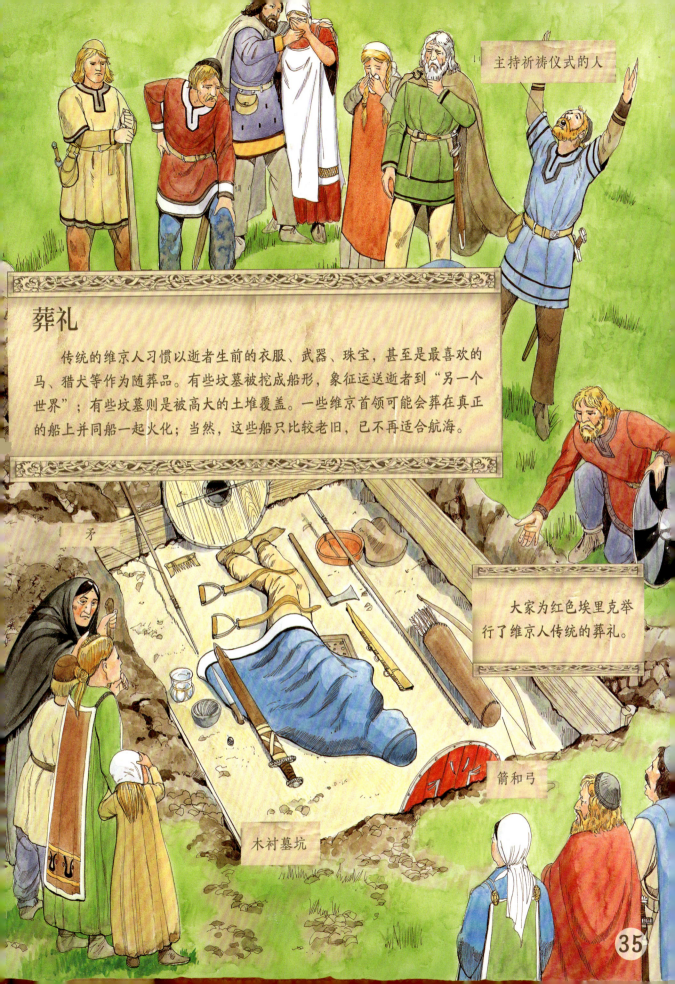

主持祈祷仪式的人

# 葬礼

　　传统的维京人习惯以逝者生前的衣服、武器、珠宝，甚至是最喜欢的马、猎犬等作为随葬品。有些坟墓被挖成船形，象征运送逝者到"另一个世界"；有些坟墓则是被高大的土堆覆盖。一些维京首领可能会葬在真正的船上并同船一起火化；当然，这些船只比较老旧，已不再适合航海。

矛

大家为红色埃里克举行了维京人传统的葬礼。

箭和弓

木衬墓坑

# 不归之旅

大约在1005年，列夫的兄弟索瓦尔德踏上了去美洲大陆的航程。大约五年以后，来自挪威的维京商人索尔芬·克尔塞夫尼带着60个男人、5个女人，赶着一群牛去了文兰。而列夫的妹妹弗雷迪斯则带领着两艘满载移民的船紧随其后。这些后续到达美洲的维京人通过占领土地和贸易来获取财富，但他们并没有在那里待太久。

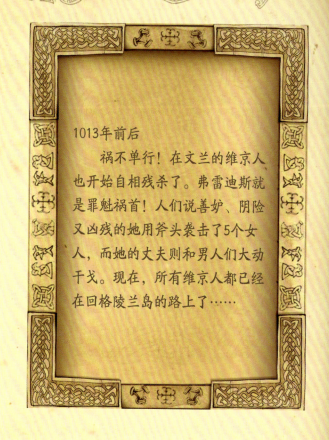

1013年前后

祸不单行！在文兰的维京人也开始自相残杀了。弗雷迪斯就是罪魁祸首！人们说善妒、阴险又凶残的她用斧头袭击了5个女人，而她的丈夫则和男人们大动干戈。现在，所有维京人都已经在回格陵兰岛的路上了……

在前往文兰之前，索瓦尔德向兄弟列夫寻求建议，列夫还让他使用自己的船。但是，索瓦尔德却再没有出过海……

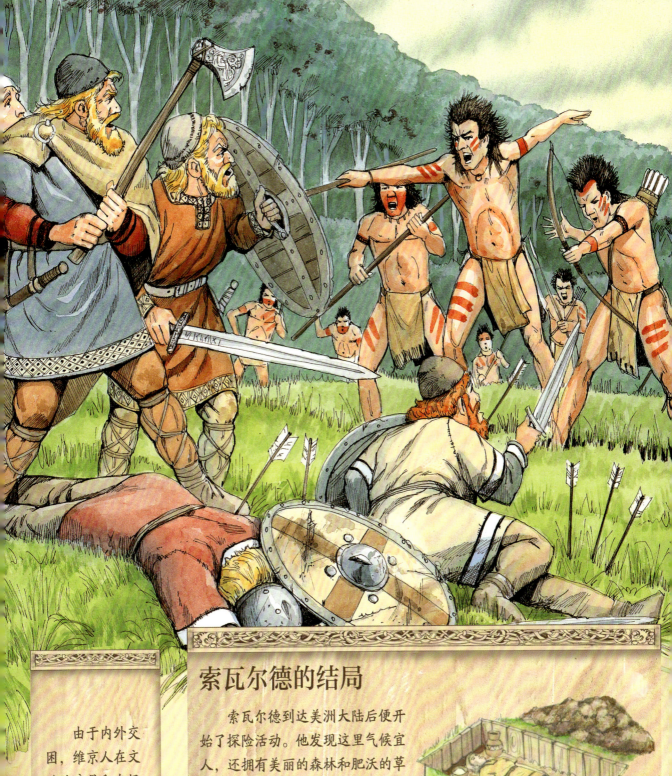

## 索瓦尔德的结局

由于内外交困，维京人在文兰的房屋和农场在1015年前后就被彻底遗弃了。

索瓦尔德到达美洲大陆后便开始了探险活动。他发现这里气候宜人，还拥有美丽的森林和肥沃的草原。当他偶遇印第安人时，索瓦尔德率先向他们发动了攻击。一名幸存的印第安人带着族人向索瓦尔德发起反击……最终，索瓦尔德被箭射中身亡。人们将他葬在了美洲。

# 一生的荣誉

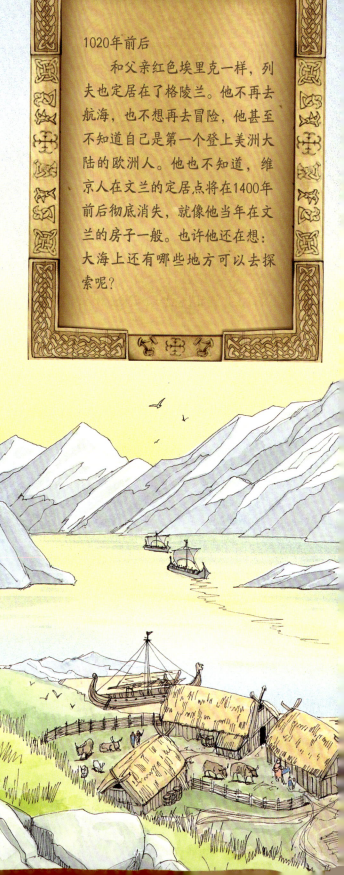

列夫在格陵兰岛的农场度过了余生，回忆着他的冒险经历⋯⋯

1020年前后

和父亲红色埃里克一样，列夫也定居在了格陵兰。他不再去航海，也不想再去冒险，他甚至不知道自己是第一个登上美洲大陆的欧洲人。他也不知道，维京人在文兰的定居点将在1400年前后彻底消失，就像他当年在文兰的房子一般。也许他还在想：大海上还有哪些地方可以去探索呢？

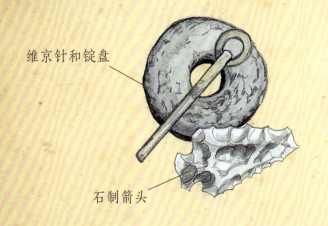

维京针和锭盘

石制箭头

# 维京遗迹

1961年，考古学家在纽芬兰的兰塞奥兹牧草地发现了八座维京房屋和一座铁匠铺的遗迹。它们可能是在1010年前后由索尔芬建造的。他们还发现了一根维京针和一个锭盘（用于纺织布料），它们曾经属于一位维京妇女。此外，考古学家在格陵兰岛发现的石制箭头表明，美洲土著猎人向东迁徙的时间与维京人向西探索的时间大致相同。

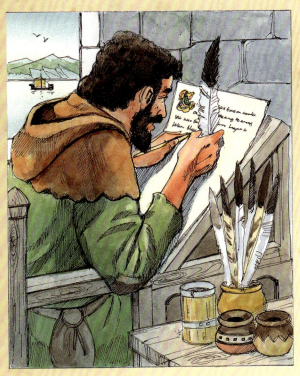

1200年前后，埃里克父子和他们带领的维京人的故事被写进了《红色埃里克萨迦》和《格陵兰人萨迦》这两部颇具传奇色彩的史诗中。

红色埃里克和"幸运列夫"那激动人心的冒险经历在很长一段时间都没有被载入史册，多亏了人们口口相传才得以流传下来。

39